知財会計論入門

金田堅太郎 著
KANETA KENTARO

中央経済社

はしがき

　本書のタイトルは，『知財会計論入門』である。これは，筆者が勤務校で担当している講義科目名「知財会計論」からとったものである。この講義科目は，知的財産を会計においてどのように扱っていくべきかを考えるものである。本書の目的も同じである。

　本書の対象である「知的財産」とは，「発明，考案，植物の新品種，意匠，著作物その他の人間の創造的活動により生み出されるもの（発見又は解明がされた自然の法則又は現象であって，産業上の利用可能性があるものを含む。），商標，商号その他事業活動に用いられる商品又は役務を表示するもの及び営業秘密その他の事業活動に有用な技術上又は営業上の情報」（知的財産基本法第2条第1項）であると定義されている。

　難しい表現であるが，キーワードは『有用な情報』という部分である。では，有用とは何か。それは，企業に何かしらの形で役に立つ，すなわち，お金を生み出すもの，ということである。では，お金を生み出す情報とは，いったい何なのか。厳密な議論は後述するとして，端的に答えをいえば，それは「アイディア」である。

　現在の私たちの暮らしを考えてみると，周りはアイディアで満ちあふれている。便利な家電製品，スマートフォン，パソコンなどはアイディアのかたまりみたいなものであるし，安全装置がふんだんに搭載された自動車，さらには自動運転も実現化が近づいているようである。いわゆる GAFA（グーグル，アップル，フェイスブック，アマゾン）が提供する IT サービスも，私たちの生活に必要不可欠なものとなっている。もはやアイディアなしの生活など想像できないといってよい。そして，本書は，こうしたアイディアを活かしたビジネスの成果を，貸借対照表や損益計算書などの財務諸表上で存分に表現する方法を考えていくものである。

　ところで，会計の世界では，知的財産という用語よりも，むしろ「無形資産」という用語が用いられることが多い。権威ある会計基準設定機関であるアメリカの FASB は，無形資産を「物理的実態を欠く資産（金融資産を除く）」

（FASB ASC 805-10-20 Glossary）と定義している。この定義からわかるように，物理的実態のない資産は，金融資産でない限り，すべて無形資産に含まれることになる。知的財産とされるアイディアは，有用な情報なのだから，当然に物理的実態のない資産ということになり，無形資産の一部ということになる。そこで，本書では，会計の世界で「無形資産」とよばれているものも「知的財産」と読み替えたうえで，両者を基本的に同義のものととらえて議論をすすめていくことにする。

　本書は，大学の会計学のテキストとして，あるいはビジネスの世界で初めて知財会計に触れる人たちの入門書として利用されることを想定して執筆したものである。したがって，使用する文言はできるだけ読みやすいものにしたつもりである。また，各章末に練習問題をつけることで，学習者が一つひとつ理解を確かめながら読み進めることができるよう工夫している。

　もっとも，本書を執筆することは，筆者の拙い研究生活をたどることでもあり，改めてこれまでに数々の学恩を賜ってきたことに気づかされた。この場を借りて謝辞を述べさせていただきたい。

　まずは，國學院大學の学生時代のゼミの恩師である小関誠三先生である。ゼミで毎週のように取得原価主義派と時価主義派に分かれて闘わせた議論は，筆者にとって会計学のかけがえのない基礎となっている。

　次に，早稲田大学の大学院生時代に，指導教授として徹底的にご指導くださった広瀬義州先生である。広瀬先生は，昼夜を問わず，また寝食を共にして，筆者に研究の何たるかをたたきこんでくださった。広瀬先生のご指導がなければ，筆者が会計学者として教壇に立つことなど到底ありえなかったといってよい。

　また，広瀬先生は，言わずと知れた「知財会計論」の権威であり，研究活動の中で筆者をさまざまな場所に随行させてくださった。その1つである，英国のインターブランド社への訪問で得た知見は本書の第7章のベースになっているし，先生が委員長として主宰された「経済産業省ブランド価値評価研究会」では，議事録作成を担当させていただいた。これが第8章のベースになっている。広瀬先生は2016年の秋に他界された。「超一流の研究者たれ」という先生

の教えに応えることは全くできていないが，せめて天国で本書を一笑に付していただければと考えている。

　久留米大学に奉職後は，商学部の先生方，とりわけ石内孔治先生および由井敏範先生に並々ならぬご指導をいただいた。両先生は，商学部長あるいは大学院ビジネス研究科長として久留米大学の知財研究をリードされ，筆者をその研究チームの一員に加えてくださった。両先生が主宰する研究チームは，2005年に「平成17年度特許庁大学における知的財産権研究プロジェクト」を受託し，特許権に関する「久留米大学モデル」を完成させることに成功したばかりではなく，2008年には，研究成果を教育カリキュラムに還元させたことが評価され，文部科学省「質の高い大学教育推進プログラム（教育GP）」にも採択されている。両先生のリードのもと，米国，フィンランド，スイス，ドイツなどへの調査研究を行えたことは，第9章をはじめとする本書の大きなバックボーンになっている。

　学会や研究会でも数多くの先生方にご指導いただいている。とりわけ筆者が非常勤講師をさせていただいている福岡大学の渡辺剛先生，田坂公先生，長束航先生，井上修先生，飯塚雄基先生には日ごろから公私にわたり支えていただき，心より御礼申し上げたい。

　また，本書の出版にあたり，終始ご高配を賜りました中央経済社取締役専務小坂井和重氏に心より御礼申し上げたい。

　最後に，本書の執筆中の昨年7月1日に，由井敏範先生が天国へと旅立たれた。最期まで病床からご指導いただいた由井先生に本書をお届けできなかったことが痛恨の極みである。ご冥福をお祈りしつつ，先生の墓前に本書をささげる次第である。

　2020年1月

耳納連山をのぞむ研究室にて

金　田　堅太郎

目　　次

第1章

知的財産の種類

Focus

普段よく行く家電量販店，スーパー，コンビニなどを思い浮かべてほしい。冷蔵庫や洗濯機などの家電製品については，同じ価格帯ならば，どこのメーカーのものでも基本的な性能や機能は，そう変わらないのではないだろうか。あるいは，スナック菓子やインスタント食品などについては，どこのスーパー，コンビニでも品揃えや価格はほとんど同じであるはずである。

このように，現在のビジネスにおいては，どこのメーカーであっても，あるいはどこのお店であっても，中身はそれほど変わらない。それでも，私たちは，「何か」を決め手にして製品や商品を選んでいる。おそらくは，ちょっとした工夫が加えられているから，デザインが好きだから，好きなメーカーのものだから，コマーシャルが好きだから，店の人に勧められて，などさまざまなことを決め手にして選んでいるのではないだろうか。

このような「何か」を一言でいうなら，それは「アイディア」であると筆者は考えている。そして，本書の主題である「知的財産」とは，このアイディアに他ならない。

1　特　許　権

知的財産，すなわちアイディアの最たるものは，「発明」である。そして，この発明というアイディアを保護してくれる権利のことを「特許権」という。発明という言葉を『広辞苑』で引いてみると，「新たに物事を考え出すこと。機械・器具類，あるいは方法，技術などをはじめて考案すること」となってい

る（岩波書店『広辞苑　第7版』）。したがって，発明とはアイディアを新たに考え出すことであると理解してよいだろう。

　では，具体的に，どのようなものが発明にあたるのであろうか。特許庁のホームページには，次のようなものが発明の例として挙げられている（特許庁ホームページ「発明まるわかり」より）。すなわち，LED式信号機（青色LED），点字ブロック，自動改札機，自動販売機，カーナビ，電動アシスト自転車，液晶テレビ，お掃除ロボットなどである。これらは，ほんの一例である。要するに，身の回りの便利なものはすべて発明の賜物だといっていいだろう。こういった発明の成果が応用された製品は，そうでない製品よりも魅力が増すのはいうまでもないであろう。

　ちなみに，日本では，年間約17万件の特許権が新規登録されており（特許庁『特許行政年次報告書　2019年版』より），この数字は世界トップクラスである。

2　実用新案権

　「実用新案権」とは，「考案」というアイディアを保護してくれる権利である。考案とは，『広辞苑』によると，「工夫をめぐらすこと」となっている（岩波書店『広辞苑　第7版』）。発明の説明の中にも考案という用語が使われていることから，発明と考案がどう違うのかは，微妙なところである。そこで，もう少し突っ込んで特許庁のホームページを調べてみると，両者の違いは，アイディアのレベルが高度であるのか否かにあるとのことである（特許庁ホームページ「実用新案制度の現状と課題（PDF）」，2頁）。要するに程度の違いということである。このこともあってか，特許権による発明の保護期間は，出願から20年であるが，実用新案権による考案の保護期間は，出願から10年となっている。

　具体的には，どのようなアイディアが考案になるのであろうか。特許情報プラットフォーム（特許権や実用新案権等に関する公式の検索サイト）で，身近なところから「洗濯」というキーワードで実用新案権を調べてみたところ，**図表1-1**のようなものがみつかった。

　これは，特許庁が公表した「登録実用新案公報（第3219150号）」の文言であるから難しい表現であるが，手にすっぽりと被せて使うものであり，中で指を

| 図表 1 - 1 | 考案の例 |

一方が開口した袋状の物であり，内部に仕切られた部屋を持つ構造であり，素材を用途により選定し，外周1を縫製などで形成すると共に，左右・裏表対称形状でその両側に指が外に出る孔3を設け，開口部の付近にホック4と引っ掛け用の輪5を設けた。袋状の上部から40mmの指分けの縫製2を設け，この指分けの縫製2は，表面と裏面の外側の両面の層と内部の層を全部縫い付けるか，又は外側の片面の層と内部の層のみを縫い付ける方法のどちらでもよい。

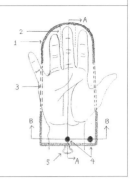

固定することで安定性を増すとともに，親指と小指を出せるようにすることで細かい作業にも便利に使える工夫を巡らせている，ということなのだろう。この工夫を応用した製品は，そうでない製品よりも魅力が大きくなるであろう。

3　意 匠 権

「意匠権」とは，意匠というアイディアを保護してくれる権利である。意匠とは，『広辞苑』によると，「形・模様・色またはその構成について，工夫を凝らすこと」とのことである。簡単にいえば，デザインやフォルムに関するアイディアである。保護期間は，設定から20年である（現在，25年に延長する案が国会に提出されている）。

　同じ価格帯，同じ機能の製品であれば，デザインやフォルムの良い方を選ぶ人がほとんどなのではないだろうか。であれば，デザインやフォルムの良さは，その会社および製品にとっての大きな強みとなる。

　スマートフォンを例にとって，特許情報プラットフォームを調べてみると，図表1-2のような意匠が登録されていた（意匠登録第1637474号）。

　この意匠は，フォルムのアイディアであるといえよう。この意匠によって，枕元にスマートフォンと小物をまとめて置いておきながら，寝る前に音楽を聴いたり，アラームとして設置したりできるということであろう。

図表1-2	意匠登録の例

本物品は，布団の枕元（の畳面や床面）や机等の被載置平面部に設置する水平基盤部と，スマートフォンを傾斜姿勢で保持するスマートフォン保持傾斜板部と，から成っている。水平基盤部の上面には，メガネ，時計，宝石等の小物を置くこともできる。

4　商　標　権

　これは「商標（しょうひょう）」を保護してくれる権利である。商標とは，『広辞苑』によると，「営業者が自己の商品・サービスであることを示すために使用する標章」とのことである。「標章（ひょうしょう）」というのは，記号，エンブレム，マーク，ロゴなどのことである。特許情報プラットフォームをみると，**図表1-3**のような馴染みのあるマークも，きちんと商標登録されていることがわかる。

図表1-3	商標登録の例	
第5300636号	第3000352号	第4580635号

　広く一般に知られる商標をもっていれば，お客さんにすぐにわかってもらえる，商品やサービスの品質について信頼してもらえる，などのメリットがある。
　以上に述べた特許権，実用新案権，意匠権および商標権の４つを総称して「工業所有権（こうぎょうしょゆうけん）」または「産業財産権（さんぎょうざいさんけん）」といい，知的財産の中核をなしている。なお，特許権については第４章でより詳しく取り上げることにする。

5　ブランド

　特定の法律によって保護されるものではないけれども，重要な知的財産の1つに「ブランド」がある。ブランドは，『広辞苑』では，「銘柄。特に，名の通った銘柄」とされている。「銘柄」とは，「取引の対象となる商品・有価証券などの名称」ということである（同）。ということは，ブランドとは，名の通った商品名や会社名のことをいうと理解していいだろう。

　もう少し詳しい説明としては，経済産業省ブランド価値評価研究会の「自己の商品，製品，サービスなど（以下，「製品等」という）を他者と識別するためのネーム，ロゴ，マーク，シンボル，パッケージ・デザインなど」と定義されている（同研究会報告書，Ⅱ-1-1）。この説明も合わせて考えると，ブランドは，その会社の商品であることをお客さんに容易に識別してもらえるくらい名の通ったネームやロゴのこと，ということになるだろう。

　ブランドがあるとどんなメリットがあるのだろうか。わかりやすい例で，イタリアのアルマーニというブランドを考えてみよう。アルマーニの紳士用スーツの場合には，カシミアなどの特別な高級素材を使っていないものでも，30万円くらいするものがざらである。これに対して，筆者が普段着ているスーツは1着3万円程度である。単純な比較で恐縮だが，27万円もの価格差があるのである。このように，アルマーニという銘柄のおかげで27万円も高く売れるブランドの力のことを「価格優位性」という。

　他にも，お客様が一度そのブランドを好きになってくれると，その後何度でも買ってくれるようになるというメリットもある。みなさんにも，好んで購入する銘柄というものがあるのではないだろうか。このように，お客さんが好んで買ってくれるようになる力のことを「ロイヤルティ」または「顧客の忠誠」という。

　さらに，信頼あるブランドには，異業種や，海外も含む新市場への進出を容易にする力もある。はじめから信頼してもらえるからである。たとえば，トヨタは自動車会社であるが，トヨタというブランドを活かして，トヨタホームの名のもとに建設業にも進出し，成功している。ソニーという電機会社が，ソ

ニー損保の名のもとで保険業でも成功していることもそうである。このように，異業種や海外市場に進出できる力のことをブランドの「拡張力（かくちょうりょく）」という。

6　ノウ・ハウ

　特定の法律で保護される権利ではないが，ノウ・ハウの有無もビジネスの成果を大きく左右する。『広辞苑』によると，ノウ・ハウとは，「物事のやり方。こつ。」とされている。同じ仕事でも，こつをつかんで，やり方を工夫すれば，その分だけ結果も違ってくるということである。

　筆者が耳にしたことのある例を紹介しよう。ドラッグストアは，文字通り，医薬品が主たる取扱商品なのであるが，医薬品については薬事法その他の関係で，小売店サイドで容易に価格を調整できるものではないという。そこで，どこで勝負するかというと，お酒類の安売りだそうである。確かに，ドラッグストアで販売されている酒類は，酒屋さんはもとより，スーパーやコンビニよりも安く売られているようである。そんな目玉商品である酒類であるが，店舗内のどの辺に陳列すれば，もっともお店全体の売上高を伸ばすことにつながるのだろうか。店舗に入ってすぐの目につきやすい場所か。陳列スペースを広くとれる店舗中央か。あるいは，あえて店の奥の方か。

　答えは，店の奥の方だそうである。理由はこうだ。お客さんは酒類を購入することを目的に来店する。そして，その酒類を探して店内を歩き回る。酒類を店の奥の方に陳列すれば，それだけ，お客さんが店舗内を探し回る距離や時間が長くなる。そうするなかで，本来の目的ではなかった，風邪薬，湿布薬などの酒類以外の商品にも目がとまり，購入してくれる可能性が高くなるということである。

　似たような例では，スーパーで最も売れ行きの多い卵の陳列場所は，これを定期的に変えることがあるという。必需品である卵を探して店舗内を探し歩く中で，他の商品にも手を伸ばしてもらおうということである。

7　トレード・シークレット

　トレード・シークレットとは，営業秘密とか企業秘密とよばれるものである。企業は，自社のアイディアを必ずしも法律で保護するとは限らない。たとえば，素晴らしいレシピを考えついたとしても，それを特許権で保護してもらおうとはしない。

　なぜなら，後述するように，特許権の保護期間は出願日から数えて20年であるからである。保護されている20年間はいいかもしれないが，その20年の期間を過ぎると，ライバル企業がそのレシピを利用することができてしまうからである（特許権で保護してもらうためには，その見返りとして，発明（レシピ）の中身を公開しなくてはならない）。

　KFC（1930年代から）やコカ・コーラ（1880年代から）が，長い歴史の中でレシピを守り続けていられるのも，トレード・シークレットとしてレシピを社内秘にしてきたからである。

8　コンテンツ

　コンテンツとは，『広辞苑』によると「放送やインターネットで提供されるテキスト・音声・動画などの情報の内容」とされている。もう少し具体的にいうと，「映画，音楽，演劇，文芸，写真，漫画，アニメーション，コンピュータゲームその他」が法律では列挙されている（「コンテンツの創造，保護及び活用の促進に関する法律」第2条第1項）。

　これらの領域が日本の得意とするところであり，世界中にファンが存在することはご承知のとおりである。これらの創作者・制作者のアイディアを適切に保護し，収益化させていくことが大切であることはいうまでもないであろう。

9　その他

　以上，知的財産のうち代表的なものを取り上げたが，この他にも，農作物等

の品種改良というアイディアである「植物新品種」や，半導体回路の配置に関するアイディアである「回路配置利用権」など，さまざまな知的財産が存在する。

　これら知的財産は，特定の法律で保護される場合もあれば，「不正競争防止法」のもとで間接的に保護されうるものもある（ブランド，トレード・シークレット，ノウ・ハウなど）。どのような形で保護されるかを問わず，こうした知的財産を持てるかどうかが現代のビジネスの成否を握るカギである。

練習問題・1

問1　知的財産に関する次の文章を読み，空欄に当てはまる用語を解答欄に記入しなさい。

　知的財産の中には，個々の法律によって直接に保護される権利と，不正競争防止法等によって間接的に保護される権利とがある。前者には，（　1　）を保護する特許権，（　2　）を保護する実用新案権，デザインやフォルムを保護する（　3　），マーク・ロゴなどを保護する（　4　）などがあり，これら4つの権利を総称して（　5　）という。

　後者には，名の通った銘柄を意味する（　6　）や，ビジネスのやり方やこつを意味する（　7　）など多様なものが含まれる。

(1)	(2)	(3)
(4)	**(5)**	**(6)**
(7)		

問2　ブランドを構成する次の3つの要素を示す適切な用語を答えなさい。

(1)　普通の製品よりも高い値段で販売することができる要素
(2)　顧客が何度でもブランド品を買ってくれる要素
(3)　ブランド名を利用して異業種や海外市場に進出できる要素

(1)	(2)	(3)

問3　次の文章は，それぞれどの知的財産のことを表しているか答えなさい。

(1)　新製品を販売することになり，デザイナーさんに依頼して，製品名のロゴをつくってもらった。これを権利として登録した。

(2)　ウナギ店を経営しており，メニューとして松（2,500円），竹（2,000円），梅（1,500円）の3ランクをおいている。店主としては，一番の自信作である松（2,500円）を食べてほしいのであるが，平均（真ん中）を選びたい心理が働くのか，お客さんは竹（2,000円）ばかり注文する。そこで，今までの松を新しい竹とし，その上に新しい松（3,000円：今までの松にデザートをセットしたもの）をおいてみたところ，2,500円の新しい竹が売れるようになった。

(3)　新しい制がん剤の研究開発に成功した。この制がん剤には，従来のものにはなかった効能が備わっている。そこで，この制がん剤の化学式を権利として登録した。

(4)　カップラーメンを購入するために，客としてスーパーを訪れた。商品棚には，有名メーカーの商品と，「金田のラーメン」という見知らぬ会社の製品が並んでいた。迷わず有名メーカーの製品を選んだ。

(5)　ある工場内利用を目的とする機械を改良し，家庭用製品として売り出した。機能面では好評であったが，金属とパイプむき出しのその形状が家庭のリビングには合わないとの苦情が寄せられた。そこで，温かみのある色合いに変更し，パイプを製品内部に収納できるデザインに変更した。かかる変更のアイディアを権利として登録した。

(6)　塗料を販売しているが，スプレーから手に跳ね返りやすく，手が汚れるという顧客の声が寄せられていた。そこで，噴射口に特殊な形状の部品をはめ込むことで跳ね返りを防ぐことに成功し，この部品につき権利を取得した。

(7)　カレー店を営んでおり，特製スパイスカレーが，店の大人気商品となっている。この商品のスパイス配合割合をメモした紙は，店主の自宅の金庫に厳重に保管してあり，実際の配合作業も店主が自宅で行い，配合後のものを店舗に持ち込み，使用している。

(1)	(2)	(3)
(4)	(5)	(6)
(7)		

第2章

知的財産のビジネスにおける重要性

Focus

　アイディアである知的財産のビジネスにおける重要性が，高まっている。ここでビジネスにおける重要性とは，端的にいって，稼げる力，すなわち収益ないし利益を増加させる力だと考えてもらって差し支えない。資産としての知的財産を多く保有すればするほど，収益や利益が大きくなるということである。本章では，いくつかの角度からこの重要性を探ってみることにしたい。

　ここで，関連する用語を整理しておこう。まずは，「投資」である。投資というのは，企業が「資金」，すなわちお金を使うことをいう。もし，知的財産が重要なのであれば，企業は知的財産により多くのお金を使っているはずである。これを「知的財産投資」ないし，略して「知財投資」という。

　知財投資には，さらに，知的財産を他社から購入するという意味の知財投資と，知的財産をみずから創り出すためにお金を使うという意味の知財投資がある。前者は，たとえば，他社の特許権を100億円で購入するようなケースであり，その場合，特許権という知的財産に100億円を投資したという表現になり，その会社は，特許権という資産を取得することになる。

　これに対して，後者は，自社で知的財産を創り出すためにお金を使うことであり，具体的には，特許権の保護対象である発明を行うための「研究開発（R&D：Research and Development）」にお金を使ったり，ブランドを生み出すための広告宣伝やアフターサービスにお金を使ったりすることをいう。

　この場合，100億円の R&D 投資を行ったとか，100億円の広告宣伝投資を行ったという表現になる。こういった知財投資の成果として手に入れた

アイディアについては，これを特許権などの権利にし，資産として保有することもあるだろうし，そのままトレード・シークレットとして社内に保持するケースもあるだろう。

1　実感としての把握

　まずは，わかりやすく，知財投資の重要性を実感として把握してみることにしよう。書店を営むビジネスを考えてみよう。500億円の予算があるとして，みなさんが経営者だったら，次のどちらを選択するだろうか。すなわち，(A)全国主要都市の駅前に大型の店舗を建設し，可能な限りの品揃えを行い，多くのスタッフを雇って大規模に販売を行うか，(B)インターネット上で，操作・検索がしやすく，どんな種類の書籍でも注文可能で，さらには電子書籍の配信サービスも提供できる販売サイトを立ち上げるかの2択である。

　もちろん，どちらかが正解で，どちらかが不正解というわけではない。しかし，おそらく多くの人は，(B)を選択したのではないだろうか。

　こちらの例はどうだろうか。冷蔵庫を製造販売するとして，(A)大型設備を用意し，そこで大量生産することでコストを可能な限り削減し，安価な製品を大量販売するか，(B)鮮度を長く保てるチルド室や，食材をすぐに調理可能なように適度な温度で冷凍する新技術を搭載した，いくぶんプレミアムな製品の開発・販売につとめるかの2択である。この例でも，おそらく多くの人は(B)を選択するのではないだろうか。

　両方の例に共通するのであるが，(A)の戦略は，日本がかつて得意としてきた戦略である。大型の店舗や製造設備を用意する，すなわち有形固定資産投資を行い，そこで大量仕入・大量生産することで低価格を実現し，かくして大量販売を行う戦略である。そこでのキーワードは，有形固定資産投資，重厚長大型，スケールメリットなどということになろう。

　しかし，こうした戦略をとることは難しい時代に入っている。最初の書店の例でいえば，インターネットの普及によって，人々の購買行動は大きく変わっているし，そもそも紙ベースの書籍ではなく，電子書籍などの電子媒体で「読

む」ことが主流になりつつあることはみなさんの実感にもあるだろう。

　もう1つの例の冷蔵庫については，家電量販店などで，機能はシンプルながら，驚くほど安価な外国製の品を目にすることが少なくないであろう。端的にいって，現在の日本企業が，大量生産による価格競争で諸外国に打ち勝つことなど，もはや不可能といって差し支えないであろう。

　そこで，日本企業が生き残る道は，インターネット上の取引を重視したり，値段は高くても，優れた性能を有する製品を製造販売したりする(B)の戦略ということになってくる。そこでのキーワードは，無形資産投資，ファブレス企業（建物や設備などの有形資産を持たない企業），持たざる経営（在庫を抱えない経営），高品質戦略，付加価値戦略，イノベーション（革新），軽薄短小型などということになろう。

　そして，これらを支える前提は，アイディア，すなわち知的財産投資だといって過言ではないであろう。知的財産が，「ヒト，モノ，カネ，情報につぐ第5の経営資源」などといわれる理由もそこにある（経済産業省「ブランド価値評価研究会報告書」，6頁）。

2　知的財産投資の状況

　では，実際の企業の知的財産投資の状況はどうなっているのであろうか。これを知るには，実際の企業が，有形資産投資と知的財産投資にどのくらいの金額をあてているのか，あるいは両者の比重がどうなっているのかをみればよい。

　図表2-1は，アメリカにおける有形資産投資と知的財産投資の比重を表したものである。これをみると，1990年ころまでは，有形資産投資の方が，知的財産投資よりも大きかったことがわかる。しかし，その後，両者は拮抗し，2000年以降は，知的財産投資が有形資産投資を逆転し，どんどん差を広げていっていることがわかる。なるほど，1990年以降にパソコンが一般家庭に普及したし，その後は，携帯電話やスマートフォンが普及し，さらには，いわゆるGAFA（グーグル，アップル，フェイスブック，アマゾン）などが提供するITサービスが私たちの生活に必要不可欠になっている実感ともぴたりと符合する。

　これらの動きは「IT革命」とか，「経済のソフト化」などとよばれるが，そ

の原動力はいうまでもなく知的財産なのであるから，知的財産投資の増大はそれを裏付けているといえよう。

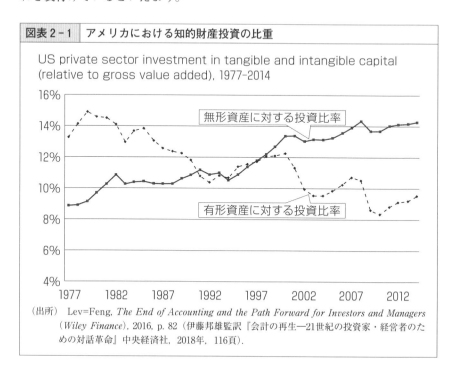

| 図表2-1 | アメリカにおける知的財産投資の比重 |

US private sector investment in tangible and intangible capital (relative to gross value added), 1977-2014

無形資産に対する投資比率

有形資産に対する投資比率

(出所) Lev=Feng, *The End of Accounting and the Path Forward for Investors and Managers* (*Wiley Finance*), 2016, p. 82 (伊藤邦雄監訳『会計の再生—21世紀の投資家・経営者のための対話革命』中央経済社，2018年，116頁).

もちろん，この傾向は，アメリカだけではなく，程度の差こそあれ，ヨーロッパでも日本でも同様である。**図表2-2**は，イギリスと日本における知的財産投資の状況を示したものである。

これをみると，イギリスでも，2000年頃に知的財産投資が有形資産投資を逆転していることがわかる。日本については，有形資産との比重はこの表からはわからないが，知的財産投資がGDPに占める割合が一貫して増加傾向であることがわかる。

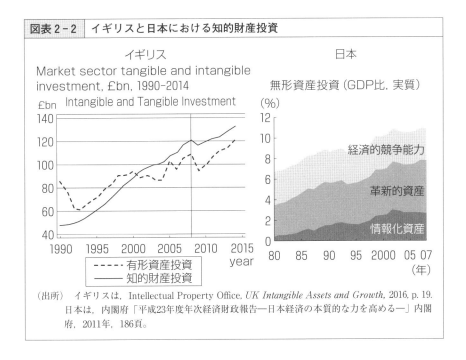

図表2-2　イギリスと日本における知的財産投資

（出所）　イギリスは，Intellectual Property Office, *UK Intangible Assets and Growth*, 2016, p. 19.
日本は，内閣府「平成23年度年次経済財政報告—日本経済の本質的な力を高める—」内閣
府，2011年，186頁。

3　PBRと修正PBRからみる知的財産の重要性

　知的財産の重要性を探るには，資産としての知的財産の比重，すなわち貸借
対照表の資産総額に占める知的財産の割合を調べてみる方法もある。ご承知の
ように，貸借対照表には，次の**図表2-3**にあるように，有形資産とともに知
的財産の金額も計上されているからである。

図表2-3　貸借対照表

（単位：円）

有 形 資 産	1,300	負 　 　 債	800
知 的 財 産	700	純 　 資 　 産	1,200

※この会社の発行済み株式総数は10株であるとする。

　しかし，第5章で詳述するように，現在の貸借対照表には，有形資産はすべ

て計上されているが，知的財産については，原則として，お金を払って他社から購入した知的財産だけが計上され，自社で創り出した知的財産は計上されないという限界がある。このことが，実は，知財会計論という領域の最大の論点・問題点の１つなのであるが，ともかくもこのことを前提に考えると，貸借対照表をそのまま分析しても，有形資産投資と知的財産投資の実態はほとんどわからないのである。そこで何らかの補足をする必要がある。

　その補足の１つとして，よく用いられるのが「修正PBR」という考え方である。ここでは，まず修正PBRの前に，普通のPBRから説明しよう。PBR（Price-Book-Ratio）とは，日本語で「株価純資産倍率」といい，株価を１株当たり純資産で割ることによって求めることができる。先の**図表2-3**の数値例でいくと，純資産は1,200円であり，発行済み株式総数は10株であるから，１株当たり純資産は120円ということになる（＝純資産1,200円÷10株）。次に，株価をこの120円で割ることになる。ここで株価は600円であったとしよう。そうすると，PBRは５倍（＝600円÷120円）ということになる。

　さて，このPBR５倍という数字をどのように考えたらよいのだろうか。株価600円というのは，当然のことながら１株が株式市場において600円で取引されているということである。ということは，貸借対照表だけをみれば１株当たり純資産，すなわち１株の価額は120円であるのに，投資家たちはそれを600円で取引しているということになる。

　このことについては，２つの見方ができるであろう。１つは，投資家たちが割高な価額で取引をしてしまっているという見方であり，もう１つは，貸借対照表上の１株当たり120円という数字が低すぎるのではないかという見方である。

　すでに述べたように，貸借対照表にはすべての知的財産が計上されているわけではない。とすれば，知財会計論の立場から気になるのは，後者の見方である。

　そこで，何らかの方法によって，これまで貸借対照表上に計上されてこなかった知的財産を計算（これを「価値評価」という）し，貸借対照表に加算したうえで，改めてPBRを計算することがある。これが修正PBRである。**図表2-3**で，計上されていなかった知的財産が4,800円であったとしよう。これを

加算すると，貸借対照表は次の**図表2−4**のように変わる。

図表2−4	修正後の貸借対照表		

（単位：円）

有 形 資 産	1,300	負　　　債	800
知的財産（既存）	700	純　資　産	6,000
知的財産（加算）	4,800		

※この会社の発行済み株式総数は10株であるとする。

　このように，知的財産が4,800円加算され，また，同額が純資産の部にも加算されるので，純資産は6,000円となる。そうすると，1株当たり純資産は600円（＝純資産6,000円÷発行済み株式総数10株）となり，株価600円をこの600円で割ると，修正PBRが1倍（＝600円÷600円）と計算されることになる。修正PBRが1倍になるということは，投資家はなんら割高な取引を行っていたわけではないということになる。

　知財会計論の立場からいえば，修正PBRを計算することが目的というわけではない。普通のPBRが不自然に高い場合には，修正PBRを計算するために知的財産の価値評価の必要性が生じるわけであって，かかる価値評価を行うことこそ，知財会計論の主要論点といえるわけである。

4　株式時価総額からみる知的財産の重要性

　「株式時価総額」と貸借対照表を比較することで，知的財産の重要性を大まかに把握する方法もある。ここでも，貸借対照表には知的財産がごく一部しか計上されていないことが，話の前提となる。

　株式時価総額とは，評価日の「株価」に，その会社の「発行済み株式総数」を掛けたものである。評価日の株価には，投資家たちがその会社の実力をどう見ているのかが反映されているはずである。

　たとえば，「きっとA社は質の高い製品を開発し，それを販売して多くの利益をあげてくれるだろう」と考えるからこそ，投資家たちはこぞってA社の株

18

を買うのであり，かくしてA社の株価は高くなるというわけである。株式時価総額は，その会社の「市場価値」とか，単に「時価」とか，あるいは「マーケット（株式市場）における評価」などといわれるが，その理由も，株式時価総額にはその日の投資家の見方が反映されていることにある。

では，株式時価総額と貸借対照表とを，どのように比較すればよいのであろうか。答えは，株式時価総額と貸借対照表の純資産の部を比較するのである。貸借対照表の純資産の部は，簡単にいえば，①株主がその会社に出資した額（株主が出したお金）と，②企業が稼いだ利益であり，株主に配当可能な額（株主がもらえるお金）から成り立っている。つまり過去における会社と株主の間の取引の結果を示しているのであり，それゆえに，「株主資本」とか「株主持分」などの別名でよばれることもある。

整理すると，株式時価総額は，「株主による現在の評価」であり，貸借対照表の純資産の部は，「株主との過去の取引結果」ということになる。この「過去」と「現在」の間に差があるのであれば，その理由は，「この間に何らかの価値が生み出された」ことにあると考えることができる。

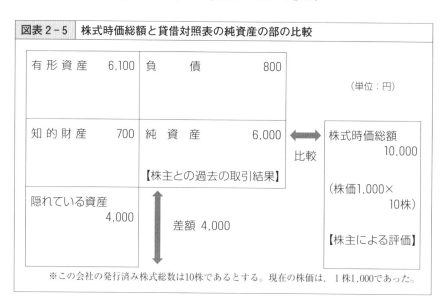

図表2-5 株式時価総額と貸借対照表の純資産の部の比較

図表2-5は，比較の仕方を図示したものである。これによると，現在の株

式時価総額が10,000円であるのに対して，貸借対照表の純資産の部は過去の6,000円であるから，4,000円の差額が存在することがわかる。

　もし，貸借対照表の純資産の部が，6,000円ではなく，株式時価総額である10,000円だとすると，差額である4,000円だけ「何らかの価値が生み出された」，すなわち「隠れている資産」が存在すると考えることができる。あるいは，貸借対照表の純資産の部が4,000円増えたのだから，その分，借方の資産も4,000円増えるはず，と単純に考えてもよいであろう。

　では，この「隠れている資産」とは，具体的には何なのであろうか。その答えが「知的財産」だというわけである。すでに述べたように，有形資産は，はじめからすべて貸借対照表に計上されている。したがって，隠れてなどいない。一方で，知的財産は，そのごく一部しか計上されていないはずであった。ということは，ここでの隠れている資産とは，「知的財産のうち未だ計上されていない部分」ということになりはしないだろうか。こう考えると，この会社の知的財産の総額は，貸借対照表にはじめから計上されている既存の知的財産700円に，ここで新たに発見した4,000円を加えた，4,700円だということになる。

　では，実際の企業の数字はどうなっているのであろうか。次の**図表2-6**は，アメリカにおける株式時価総額上位10社につき，株式時価総額と貸借対照表の純資産との比較およびこれに基づく分析を行った結果である（2018年3月現在）。

　これによると，多くの会社で，株式時価総額と貸借対照表の純資産の部との間に大きな差があることがわかる。(d)列は，かかる差額が株式時価総額に占める割合を示しているが，4位のAmazonなどは，その値が実に95%にもおよんでいる。つまり，株主が考える価値の95%が，隠れた資産，すなわち知的財産であるということである。

　業種に着目してみると，さらにおもしろいことがわかる。値が70%を超えているのは，1位のApple，2位のAlphabet（この会社はGoogleを運営している），3位のMicrosoft，4位のAmazon，6位のFacebook，8位のJohnson & Johnsonである。このうちJohnson & Johnsonを除くすべての会社が，言わずと知れた世界的IT企業である。そしてJohnson & Johnsonも，世界的に有名な化学・医療機器メーカーであるから，いずれもアイディア，すなわち知的財産が決定的に重要な業種であるといってよく，その結果が如実に表れている

図表 2-6	株式時価総額と貸借対照表の純資産の部との比較

(単位：10億ドル)

	会社名	(a) 株式時価 総額	(b) 貸借対照表の 純資産の部	(c)　(a)−(b) 両者の差額	(d)　(c)÷(a) 差額が株式時価総 額に占める割合
1	Apple	851	126	725	85%
2	Alphabet（Google）	719	160	559	77%
3	Microsoft	703	79	624	88%
4	Amazon	701	31	670	95%
5	Berkshire Hathaway	492	351	141	28%
6	Facebook	464	77	387	83%
7	Jp Morgan Chase	375	256	119	31%
8	Johnson & Johnson	344	63	281	81%
9	Exxon Mobil	316	194	122	38%
10	Bank of America	307	266	41	13%

（出所）　2018年3月の各社10-K および10-Q より作成。

といえよう。

　ところで，多額の知的財産が隠れているということは，裏を返せば，現在の貸借対照表が，知的財産のほとんどを表示できていないということでもある。実は，このことが知財会計論の大きな課題なのである。この点は，第5章で扱うことにする。

練習問題・2

問 1　当社の貸借対照表の純資産の額は200万円であり，発行済み株式総数は 1 万株である。現在の当社の株価は@350円である。PBR はいくらか。

問 2　当社の貸借対照表の純資産の額は200万円であり，発行済み株式総数は 1 万株である。現在の当社の株価は@350円である。なお，当社には，貸借対照表には計上されていない医薬特許（資産）が120万円ある。修正 PBR はいくらか。

問 3　次の数値は，日本のある製薬会社のものである。

貸　借　対　照　表　　　　　　　（単位：百万円）

流 動 資 産	2,357,713	負 債 合 計	611,385
有形固定資産	238,446		
知 的 財 産（既存）	10,788	純 資 産	2,461,116
投資その他の資産	465,554		
資産合計	3,072,501	負債・純資産合計	3,072,501

(1)　資産合計に占める知的財産（既存）の割合を求めなさい。

(2)　以下の情報から，この会社の株式時価総額を求めなさい。

　　　(a)　発行済み株式総数　889百万株　　(b)　株価　7,730円

(3) 純資産の部を株式時価総額に置き換えることによって，この会社の貸借対照表を再表示しなさい。

貸 借 対 照 表

（単位：百万円）

流 動 資 産	2,357,713	負 債 合 計	611,385
有形固定資産	238,446		
知 的 財 産（再表示）	（ ）	純 資 産	（ ）
投資その他の資産	465,554		
資産合計	（ ）	負債・純資産合計	（ ）

(4) 再表示後における資産合計に占める知的財産（再表示）の割合を求めなさい。

第3章

知的財産の活用と政策

Focus

これまでの章では，知的財産とは何であり，そして，その知的財産がビジネスにおいて重要になっていることをみてきた。本章では，知的財産をビジネスにおいてどのように活用するのか，およびその活用を促進するためにどのような政策が実施されているのかをみていくことにしたい。

ところで，ビジネスにおける資産の活用とは何であろうか。たとえば，機械設備という有形資産を用いて製品を製造し，それを販売するビジネスを考えてみよう。この場合，機械設備を工場などで利用することがまさしく活用なのであり，その成果として製品が完成し，それを販売することで収益や利益を得ることができるのである。

このように，有形資産の場合には，活用するということをイメージすることは容易である。では，知的財産の場合はどうか。知的財産の場合には，活用の方法としていくつかの種類のものがある。これらを，以下，一つひとつみていこう。

1　知的財産の活用

（1）　自社実施

保有する知的財産を，自社の製品やサービスに応用することを「自社実施」という。たとえば，マイナスイオンを発生させる小型装置の技術に関する特許権を保有している場合には，この小型装置を自社製品であるドライヤーに搭載すれば，高性能な製品として，ライバル製品との「差異化」を図ることができ

る。商標権であれば，マークやロゴを製品に記すことで，お客さんが簡単に他社製品と区別してくれるようになるし，ノウ・ハウであれば，早速，日々の仕事に反映させることで，売れ行きが伸びたり，仕事が効率的に進んだりするであろう。

　このように，自社実施は，もっともシンプルでわかりやすい活用方法であるし，その効果もわかりやすい。ただし，自社実施には，次のような，ある種の限界もある。

　たとえば，どんな大雨の日でも，手を濡らさずに折りたたむことのできる傘を開発したとしよう。せっかく傘があって濡れずに目的地まで到着できたのに，その傘を折りたたむときに手や服を濡らしてしまった経験は誰にでもあるだろう。したがって，この新しい傘は大いに売れそうである。

　しかし，ここで当社が零細企業であり，大規模な製造施設や販売組織を持っていなかったらどうであろうか。せっかくの新機能を搭載した傘であるが，（注文が殺到したとしても）製造販売できる量は限られており，したがって，売上高も利益もごくわずかにとどまってしまうであろう。あるいは，大学の場合はどうか。大学は，研究機関として日々研究を行っており，優れた発明をすることも少なくないのであるが，メーカー等の会社とは違って，大学には製造設備や販売組織は存在しない。したがって，自社実施は行いたくても行えないのである。

　そう考えると，自社実施は，大企業には大きなメリット，すなわち高い売上高と利益を達成できるメリットをもたらすが，中小企業や大学，あるいは個人には，思ったほどのメリットをもたらさないことも少なくないといえよう。そこで，重要になってくるのが，次の他社実施（ライセンス）である。

（2）　他社実施（ライセンス）

　自社が保有する知的財産を，他社に貸し出し，引き換えに対価を受け取ることを「他社実施」またはライセンスという（以下，「ライセンス」という）。ライセンスをする場合には，貸し手である自社は，ライセンスと同時に，その知的財産を用いて製造販売を行ってもよいし，そうではなく，ライセンスだけを行い，自社は何ら製造販売を行わなくてもよい。

　いずれにせよ，ビジネス上でポイントになるのは，対価である。ライセンスにおける対価のことを，「実施料」または「ライセンス料」というが，これをどのように決定するかである。貸し手である自社の立場に立てば，1円でも大きな金額になることが望ましいといえよう。

　ライセンス料の算定は，貸し手と借り手の合意が得られるならば，原則としてどのような方法によっても構わない。もっともよくみられる方法は，「借り手の売上高に対して，事前に貸し手と借り手の間で決定しておいた料率を掛ける方法」である。たとえば，事前に料率を3％と決定しておいたとしよう。そして，借り手は，この知的財産を用いて製造販売を行い，8,000億円の売上高を達成したとしよう。この場合，貸し手である自社が受け取るライセンス料は，240億円（＝8,000億円×3％）になる。以上のことを，図示したのが，次の**図表3-1**である。

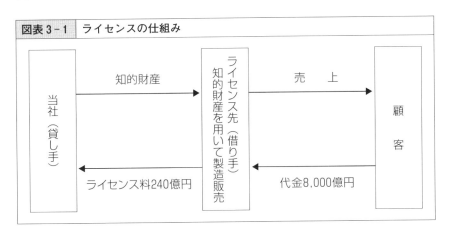

図表3-1　ライセンスの仕組み

　ライセンスのメリットは，どこにあるのであろうか。その答えは，大規模な製造設備と販売組織を有する大企業に借りてもらえば，大企業の売上高の一部がライセンス料として貸し手である自社に入ってくることである。

　先の例で3％という料率は，一見小さい数字にみえたかもしれない。しかし，8,000億円もの売上高ともなれば，ライセンス料もまた240億円に及ぶのであるから，そのメリットは計り知れないといえよう。さらに，小規模な製造・販売組織しかもたない中小企業や，もとよりこれらを有しない大学や個人にとって，

ライセンスは「生命線」であるといっても過言ではないであろう。

　なお，ライセンス料率は，取引が行われる業種の特性や，対象となる知的財産の種類や中身によっても異なるが，2〜3％が1つの目安であるといわれている（発明協会『実施料率—技術契約のためのデータブック（第5版）』発明推進協会，2003年より）。

（3）担保化

　「担保化」とは，知的財産を担保にして，銀行などからお金を借りることである。このようにお金を借りる手段にすることも活用の一種である。ここで，担保とは，お金を借りる際に，銀行などに預けておく資産のことである。もし，借り手がお金を返せなくなった場合には，銀行はその担保として預かった資産を売却するなどの方法で，お金の回収に代えるわけである。

　この担保として利用可能な資産は，古くは土地・建物や機械設備，あるいは債権などの有形資産に限られると考えられてきた。それが，後述するプロパテント政策が開始される頃には，知的財産も担保として利用可能だと考えられるようになったのである。銀行は，もしお金の回収ができない場合には，担保として預かった知的財産を売却することもできるし，ライセンスに出してライセンス料を徴収してもよいからである。

　担保化の状況であるが，「知的財産推進計画2005」によると，「日本政策投資銀行が1995年より開始した知的財産担保融資は2004年度までの融資実績が約160億円，件数ベースでは約260件に上っている」とのことである。また，特許庁の「知財を活用した中小企業向け融資について（2014年6月）」によると，2014年における特許権に対する質権の設定状況は与信額ベースで約428億円となっている。

（4）証券化

　「証券化」は，少々複雑なので，卑近な説明からはじめることにしよう。金田工業は，5年連続赤字であり，仕入先への買掛金の支払いはもとより，従業員への給与支払いも滞っているとしよう。すなわち，倒産寸前である。皆さんが，銀行マンや投資者だったら，こんな金田工業に融資をしたり，金田工業の

株を購入したりしようとするだろうか。おそらく，しないであろう。

　しかし，こんな金田工業にも，唯一，生き残りのチャンスがあった。それが知的財産である。金田工業には，活用はしていないが，優良な特許権があったのである。それでは，どうすれば生き残りが図れるのだろうか。そこで考えられるのが証券化であり，その手順は次のとおりである。

　まずは，金田工業が，自分の分身として別会社（SPC 社とする）を設立し，そこにこの特許権を売却する（図表 3 - 2 -①）。

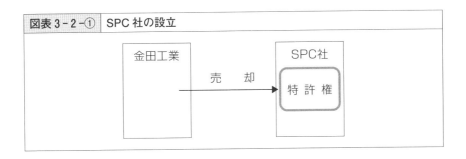

図表 3 - 2 -①　SPC 社の設立

　こうすると，SPC 社だけをみれば，大変優良な特許権を保有するすばらしい企業ということになる。こんな SPC 社になら，融資しようという銀行も現われるかもしれないし，投資者も投資してみよう（株を買ってみよう）とするかもしれない。もし，融資や株式購入をしてもらえれば，SPC 社にお金が入ってくる。そのお金を金田工業に特許権の購入代金として支払ってやればよい。金田工業の立場からみれば，お金が入ってくることになり，かくしてピンチを脱却できるのである（図表 3 - 2 -②）。

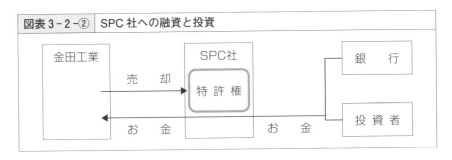

図表 3 - 2 -②　SPC 社への融資と投資

　さて，お金を出してくれた銀行に対しては，元本の返済や利息の支払いをしなくてはならないし，投資者に対しても配当金の支払いをしなくてはならない。そのためには，SPC社もビジネスをして，お金を稼がなくてはならない。では，どうすればよいか。答えは，保有する特許権をライセンスして，ライセンス料を徴収すればよい。ライセンス先は，第三者（社）でも構わないが，金田工業でもよい。いずれにせよ，ライセンスによって得られたお金を銀行や投資者に支払えば，この仕組みは完成する。これが証券化である。

　証券化にいう「証券」とは，SPC社が株式（正式には「優先出資証券」という）を発行することを指している。また，SPC社と称してきたが，これは適当にそう呼んだわけではない。このSPC社のことを，特定目的会社（Special Purpose Company）といい，頭文字をとるとSPCというわけである。また，金田工業が，証券化の仕組み（スキームという）を最初に仕掛けた当事者であるので，ここでの金田工業の立場をオリジネーターという。証券化のスキームの全体像を示せば，次のとおりである（**図表3-2-③**）。

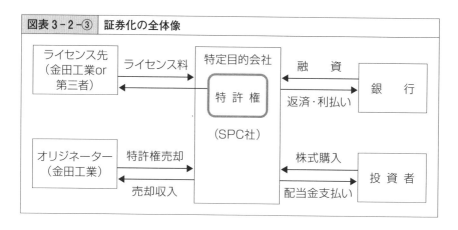

図表3-2-③　証券化の全体像

2　知的創造サイクル

　知的財産に関する政府の政策の中でよく用いられる用語に「知的創造サイクル」というものがある。このサイクルには，**図表3-3**にあるように，「創造」，「保護」，「活用」という3つのキーワードがある。

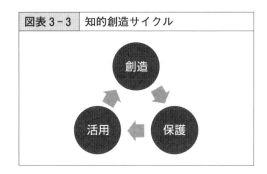

最初の「創造」とは，知的財産へとつながるアイディアを生み出すことである。具体的には，研究開発を促進して，発明などのアイディアをたくさん生み出してもらおうという考え方である。そのために，研究者の養成に力が入れられたり，研究開発に取り組む企業や組織に財政的支援が行われたりしている。すでに述べたように，日本では，創造の結果として年間17万件もの特許権が登録されるなど，この創造の部分は，日本の得意分野であるといえる。

つづく「保護」とは，創り出されたアイディアを，知的財産として権利化したり，模倣などの知的財産侵害から守ったりすることをいう。せっかくのアイディアでも，保護されずに，簡単にマネされてしまうのなら，アイディアを生み出す気力もうせてしまうというものである。この保護の部分で活躍する専門家が「弁理士」である。彼らは，特許庁に提出する出願書類等を作成したり，特許権に関するアドバイスや訴訟への対応をしたりする知的財産の専門家である。

最後の「活用」とは，生み出されて，知的財産として保護されたアイディアを，先に述べた，自社実施，ライセンス，担保化および証券化などの方法によって，ビジネス上で利用することである。ビジネス上で利用するというのは，要するにお金に変えるということである。この領域で活躍すべきなのは，ビジネスと知的財産の両方を理解できる人材ということになるであろう。

活用によって得られたお金を再び創造につぎ込むことができれば，どんどんアイディアが生み出され，それをまた保護し，活用することでお金が生まれる。こうして国を豊かにしていく好循環を生み出そうというのが，知的創造サイクルの考え方である。

　この知的創造サイクルの中で，日本が弱いとされているのが，活用の部分である。せっかく世界有数の数のアイディアを生み出し，それを知的財産として保護しておきながら，それをお金に変えることには成功していないというのである。

3　知的財産に関する政策

　「政策」とは，国（政府）が，自分の国を豊かにするために行うものであり，具体的には法律を作ったり，その法律に従ってサービスをしたり（行政）することなどを総称する言葉である。知的財産が重要だとわかれば，当然，国も知的財産を重視する政策を実施するはずである。このように，知的財産を重視する政策のことを，「プロパテント政策」という。

　プロパテントのプロとは，英語で専門とか特化という意味であり，パテントとは特許権のことである。つまり，特許権を専門にするという意味であり，これをもう少し広く解釈すると「知的財産重視政策」といった意味になるのである。

　プロパテント政策の中心課題は，上記の知的創造サイクルを好循環させることにある。したがって，その具体的な中身は，アイディアを数多く生み出せるような環境整備（研究開発型企業への補助金や優遇税制の実施，研究者養成への支援など）を行い，模倣品対策なども含めた確かな権利保護（知的財産として保護する）を行い，そのうえで，自社実施やライセンスなどの方策を通じてビジネスで知的財産を活用できるよう促すということになる。

　日本では，2002年から，プロパテント政策のための体制が整えられていった。すなわち，2002年に首相官邸にて知的財産戦略会議が発足し，2003年には知的財産基本法が成立し，これに基づいて内閣に知的財産戦略本部が設置され，同本部からは，毎年，「知的財産推進計画」というものが公表されている。

　最新版である「2019年版」は，2019年6月に公表されており，総ページ数は193頁にも及んでいる。その中身はかなり具体的な内容となっているほか，項目としても，「尖がった人・企業がチャレンジしやすい環境をつくる」などのユニークな環境整備や，「AI」，「クールジャパン」といった最新のトレンドを

織り込んだ内容となっている。

　プロパテント政策に最初に取り組んだのは日本ではない。先行したのはアメリカであり，そこでの成功が日本を追随させたといってよい。そのアメリカのプロパテント政策の成功の軌跡を簡単にみておこう。

　ご存知のとおり，1980年代は，日本の製造業が世界経済を席巻していた時代であり，逆にアメリカは不況の真っただ中にあった。そこで当時のレーガン政権は，アイディアを重視して工業製品の性能を高めることによって，アメリカ製造業の復活を目指そうとしたのである。

図表3-4	アメリカにおける知的財産権への出願数と権利付与数	
年	出願数	権利付与数
1980年	112,379件	66,170件
1985年	126,788件	77,245件
1990年	176,264件	99,077件
1995年	228,238件	113,834件
2000年	315,015件	175,979件

（出所）　U.S. PTO "Patent Statistics Chart 2018" より作成。

　図表3-4は，アメリカにおける知的財産への出願数と権利付与数をまとめたものである。これをみると，出願数は一貫して増加しており，1980年から2000年までの20年余りの間に，2倍以上に増加していることがわかる。そして，これに比例するように，権利付与数も一貫して増加しており，実に3倍近くに増加していることがわかる。プロパテント政策の大前提は，知的財産を生み出し，それを権利として保護することであるから，知的創造サイクルの「創造」および「保護」の部分は成功しているといえよう。

　では，「活用」についてはどうか。これについては，次のようなデータがある。図表3-5は，この時期のアメリカ企業のライセンス収入の増加を示したものである。これをみると一目瞭然であるように，1990年には150億ドルであったものが，2000年には1,500億ドル，そして2007年には5,000億ドルという

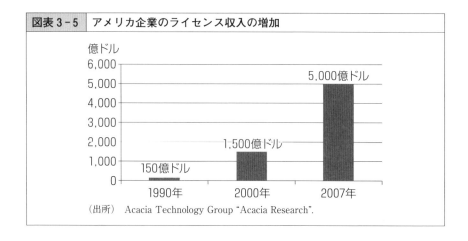

ように劇的に増加している。すなわち，知的財産の数の増加を，ライセンス収入の増加というビジネス上の活用につなげることに成功しているといえよう。

企業の収益構造の面にも，プロパテント政策の効果が表れている。**図表3-6**は，いくつかの企業の収益構造を説明したものである。

図表3-6	ライセンス収入へとシフトした企業の収益構造

1　クアルコム社は，CDMAに関する特許権のライセンスによって年間20億ドルを稼いでいる。これは，同社の粗利益（売上総利益）の89%に達する額である。
2　IBM社は，ライセンスによって毎年15億ドルから20億ドルを稼いでいる。
3　フィリップス社は，毎年ライセンスによって，5億7,000万ドル余りを稼いでいる。これは，同社の家庭用電気製品部門の営業利益の100%を占めている。
4　トムソン社は，毎年ライセンスによって，3億9,000万ドルを稼いでいる。これは，同社の純利益の75%に達する額である。

（出所）　Acacia Technology Group "Acacia Research".

これをみると，アメリカの主要企業の収益構造が，知的財産のライセンス収入重視へと大きくシフトしたことがわかる。とりわけ，3のフィリップス社は，家庭用電気製品部門の営業利益の100%がライセンスだというのであるから，同部門では，自身で製造販売は一切行っていないということを意味している。メーカーがモノを作らない時代だというのである。

　以上のように，先行するアメリカのプロパテント政策は，成功を収めていたようである。これに追随した日本のプロパテント政策の成果はどうだったのであろうか。すでに述べたように，毎年20万件もの特許権が生み出されている点に注目すれば，少なくとも「創造」と「保護」については，一定の成果があがっているようである。しかし，「活用」については，残念ながらあまりうまくいっていないようである。2017年に知的財産教育協会が公表した「知財活動および知財金融の実態調査―最終報告書」などをみても，知的財産の活用度が低いとするアンケート結果が得られているようである。担保化や，証券化についても，プロパテント政策開始直後の2003年頃にはいくつかの事例が脚光を浴びたものの，その後はほとんどめぼしい事例は見当たらない。この点は，アメリカとは極めて対照的である。

　なぜ，日本では，「活用」が思うように進まないのか。その理由を探り，解決策を探ることが，知財会計論に課せられた大きな課題の１つであるといってよい。

練習問題・3

問1 知的創造サイクルを示す次の図の①〜③に当てはまる用語（いずれも漢字2文字）を解答欄に記入しなさい。

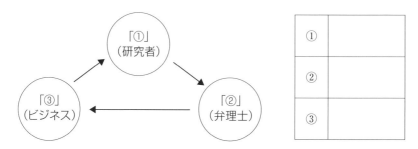

①	
②	
③	

問2 次の文章に当てはまる用語を下記の語群の中から選び，記入しなさい。また，下線部につき，設問(1)および(2)に答えなさい。

知的財産を売上に結び付けるためには，これを活用することが重要である。まず，自社が保有する知的財産を自社の製品に活用する方法があり，これを（　ア　）という。マイナスイオンの出るドライヤーを例にとれば，これを活用したドライヤーは，自社しか製造販売できないのであるから，売上数量が伸びたり，あるいは製品単価を他社より高く設定できたりするなどのメリットがある。2つ目の活用方法として（　イ　）がある。これは，自社の保有する知的財産を他社に貸し出すとともに，使用料を徴収する方法である。その他の方法として，知的財産を担保にして銀行から融資を受ける（　ウ　）などもある。

　　　【語群】　自社実施，証券化，担保化，ライセンス，
　　　　　　　　ローン・パーティシペーション

（ア）	（イ）	（ウ）

(1)　使用料は，借り手企業の売上高の○％という決め方をするのが一般的である。
その場合，次のいずれの会社に借りてもらうのが望ましいか。

　　　源島工業：年間売上高300億円，2％で契約可能，業績は下降気味

　　　大町工業：年間売上高600億円，1％で契約可能，業績は横ばい

　　　甲斐工業：年間売上高1,800億円，0.5％で契約可能，業績は横ばい

　　　藤丸工業：新設会社であり，年間売上高データなし。10％で契約可能

　　　　　　　　　　　　　　　　　　　　　　　　　　　工業

(2)　下線部の方法が望ましいとされる理由について，誤っているものを1つ選びなさい。

　(ア)　自社が中小企業である場合，保有する特許権を自社製品に利用するよりも，大企業に借りてもらったほうが収益が大きい。

　(イ)　大学の場合，工場設備がないので，保有する特許権を大学の製品に利用することはもとよりできない。

　(ウ)　自社製品に利用するよりも税制上有利である。

　(エ)　工場設備への投資などにはリスクが伴うが，下線部の方法によれば，かかるリスクを背負わなくてすむ。

問3　当社は，ある特許権を保有している。この特許権を活用した製品の価格は，1台当たりの原価が2万円，売価が3万円である。当社の設備能力を考えると，今後5年間で，年間100台の製造販売が可能である。5年間で得られる利益の総額はいくらになるか。

問4 当社は，ある特許権を保有している。この特許権を活用した製品の価格は，1台当たりの原価が2万円，売価が3万円である。この特許権を吉安工業にライセンスすることにした。ライセンス交渉の結果，吉安工業の売上高の3％をライセンス料として受け取ることになった。吉安工業の設備能力を考えると，今後5年間で，年間2,000台の製造販売が可能である。5年間で得られるライセンス料の総額はいくらになるか。

問5 問3と問4を比較して，自社実施とライセンスのどちらが有利であるか。

問6 特許権の証券化に関する次の図に当てはまる用語を語群から選び，記号で答えなさい。

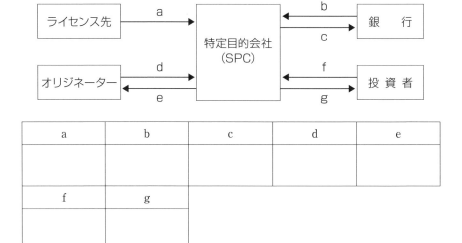

a	b	c	d	e

f	g

【語群】
ア．利息　　イ．ライセンス料　　ウ．知的財産を売却　　エ．現金
オ．配当　　カ．出資　　キ．貸付

第4章

知的財産に関する法律

Focus

　本書の目的は，その書名「知財会計論」が示すとおり，どうすれば知的財産をより良く会計報告できるのかを考えることにあるのだが，そのためには前提として，知的財産に関する法律についても必要な範囲内で理解しておく必要がある。

　そこで，本章では，知的財産に関連する法律のうち，知的財産全般に関する「知的財産基本法」と，知的財産の代表的存在である特許権に関する「特許法」の2つを取り上げ，その概要を理解することにしたい。

1　知的財産基本法

　どんな法律でもそうなのだが，最初の第1条には，その法律の目的が書かれている。少し長いのであるが，知的財産基本法の目的について，同法第1条では，次のように述べられている。

第1条　この法律は，内外の社会経済情勢の変化に伴い，我が国産業の国際競争力の強化を図ることの必要性が増大している状況にかんがみ，新たな知的財産の創造及びその効果的な活用による付加価値の創出を基軸とする活力ある経済社会を実現するため，知的財産の創造，保護及び活用に関し，基本理念及びその実現を図るために基本となる事項を定め，国，地方公共団体，大学等及び事業者の責務を明らかにし，並びに知的財産の創造，保護及び活用に関する推進計画の作成について定めるとともに，知的財産戦略本部を設置することにより，知的財産の創造，保護及び活用に関する施策を集中的かつ計画的に推進することを目的とする。

これを読むと，すでに学んできたキーワードが随所にみられることに気づくであろう。アンダーラインを引いた箇所がそうであるが，日本の「国際競争力の強化」を図るために，「付加価値の創出」を目指すのであり，そのために知的財産の「創造，保護及び活用」に関する基本事項を定める必要があるのであり，そのためには「推進計画の作成」が必要であり，それを実行するために「知的財産戦略本部を設置」するというのである。つまり，第3章で学んだ，「知的創造サイクル」や「知的財産推進計画」のことをいっており，要するに「プロパテント政策」のための法律だという理解をすることができるであろう。この法律の制定は2002年であるから，この年が日本のプロパテント政策開始の年だといってよい。

　つづく第2条では，知的財産基本法が対象とする「知的財産の定義」が示されている。これも重要なので，下に引用しよう。

第2条　この法律で「知的財産」とは，発明，考案，植物の新品種，意匠，著作物その他の人間の創造的活動により生み出されるもの（発見又は解明がされた自然の法則又は現象であって，産業上の利用可能性があるものを含む。），商標，商号その他事業活動に用いられる商品又は役務を表示するもの及び営業秘密その他の事業活動に有用な技術上又は営業上の情報をいう。

　これをみると，第1章で学んだ数多くの知的財産が，すべて同法の対象になっているのがわかるであろう。すなわち，アンダーラインを引いた「発明」は特許権に，「考案」は実用新案権に，「意匠」は意匠権に，「著作物」は著作権に，「商品又は役務を表示するもの」は商標権またはブランドに，「営業秘密」はトレード・シークレットに，「事業活動に有用な技術上又は営業上の情報」はノウ・ハウに，それぞれ結実ないし読み替え可能であるし，それ以外のアンダーライン部分（植物の新品種，商標，商号）は，文字通りの内容である。

　それでは，知的財産基本法は，どのような施策を通じてプロパテント政策の実施へとつなげようとしているのであろうか。この点については，同法の目次をみるだけで容易に理解することができる。

　たとえば，第12条は，知的財産の「創造」を進める前提としての研究開発を活性化させようとするものであるし，第14条や第16条などは，知的財産の「保

第 1 条　（目的）	第12条　（研究開発の推進）	第23条　（知的財産推進計画）
第 2 条　（定義）	第13条　（研究成果の移転の促進等）	第24条　（設置）
第 3 条　（国民経済の健全な発展及び豊かな文化の創造）	第14条　（権利の付与の迅速化等）	第25条　（所掌事務）
第 4 条　（我が国産業の国際競争力の強化及び持続的な発展）	第15条　（訴訟手続の充実及び迅速化等）	第26条　（組織）
第 5 条　（国の責務）	第16条　（権利侵害への措置等）	第27条　（知的財産戦略本部長）
第 6 条　（地方公共団体の責務）	第17条　（国際的な制度の構築等）	第28条　（知的財産戦略副本部長）
第 7 条　（大学等の責務等）	第18条　（新分野における知的財産の保護等）	第29条　（知的財産戦略本部員）
第 8 条　（事業者の責務）	第19条　（事業者が知的財産を有効かつ適正に活用することができる環境の整備）	第30条　（資料の提出その他の協力）
第 9 条　（連携の強化）	第20条　（情報の提供）	第31条　（事務）
第10条　（競争促進への配慮）	第21条　（教育の振興等）	第32条　（主任の大臣）
第11条　（法制上の措置等）	第22条　（人材の確保等）	第33条　（政令への委任）

　護」を確かなものにするための施策である。また，第13条の研究成果の移転とは，まさしくライセンスなどの方法を通じた「活用」の推進のことであるし，これらの前提としての知的財産に精通した人材の確保が第22条でうたわれているのである。

2　特　許　法

（1）目　的

　特許法についても，その第 1 条に，目的が示されている。すなわち，「この

法律は，発明の保護及び利用を図ることにより，発明を奨励し，もつて産業の発達に寄与すること」である。この一文の中には，重要な2つのポイントが含まれている。

1つは，「発明の保護」である。がんばって研究開発を行った結果として発明が生まれるわけであるが，その発明は，特許権として一定期間，他社に勝手に使われないという意味で守られるのである。言い換えると，せっかく発明を行っても，すぐに他社に勝手に使われてしまうのであれば，発明のための研究開発の努力をする甲斐がなく，誰も発明などしなくなってしまうのである。

もう1つは，「産業の発達に寄与」するという部分である。これは，単純に解釈すると，発明が増えれば増えるほど，技術のレベルがアップし，もって産業を発達させるという意味にとれる。もちろん，この解釈も間違いではないが，もっと深い含意がある。それは，「発明の公開」である。後述するように，特許権を取得するためには，（最終的に特許権がとれるかどうかに関わりなく）発明の内容を公開しなければならない。すなわち，当社の発明は，ライバル企業に知られてしまうのである。当社の立場からみれば，発明の内容は知られてしまうけれども，そのかわり特許権で保護されるのであるから問題はないということになる。一方，ライバル企業の立場からみれば，特許権で保護されている期間内は利用できないけれども，その間に発明の内容を精査し，さらなる上の技術開発を進めていくことができるのである。このように，ある発明をきっかけにして，ライバル企業がまたさらに上の技術開発を手掛けられることこそ，ここでいう「産業の発達に寄与」するという意味なのである。

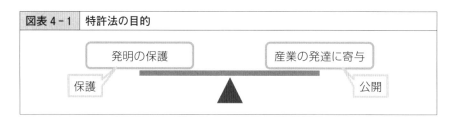

図表4-1　特許法の目的

発明の保護　　　　　　　産業の発達に寄与

保護　　　　　　　　　　　　　　　　公開

この発明の保護，すなわち「保護すること」と，産業の発達，すなわち「公開させること」は，一見すると矛盾するようであるが，この両者のバランスをうまくとることで国の発展につなげるというのが特許法の趣旨であるといって

よい（図表 4 - 1 ）。

（2）　発明の定義

　ここまで，発明とはアイディアの最たるもの，といった大まかなとらえ方を
してきたが，ここで特許法の正式な発明の定義を確認しよう。発明は，特許法
第 2 条第 1 項で「自然法則を利用した技術的思想の創作のうち高度のもの」
であると定義されている。この短い表現の中に，さまざまなポイントが潜んで
いる。

　まずは，「自然法則を利用した」という部分である。ここで自然法則とは，
自然科学，すなわち理科で出てくる法則のことである。わかりやすいところで
いえば，水は高いところから低いところに流れるとか，光は 1 秒間に地球を 7
回転半するスピードを持つなどのことである。自然科学の法則なのであるから，
人文や社会科学の法則を利用しても，発明にはあたらないことになる。われわ
れ会計学者は，「簿記」を世紀の大発明などとよく表現するが，正しくない。
資産が増えたら借方，貸借は一致するなどの法則は，人が決めた法則に過ぎず，
自然科学の法則とは無関係だからである。

　また，自然法則そのものを発見しても，それは発明ではない。よく用いられ
る例であるが，水が高いところから低いところへ流れるという重力の法則を発
見しても，それは発明ではない。自然法則そのものであり，これを利用したア
イディアではないからである。そうではなく，水は高い所から低い所に流れる
という自然法則を利用した「水車」という理系のアイディアを考え出したので
あれば，それは発明ということになる。

　次に，「技術的思想」という部分であるが，これには，単なる技能や情報で
はないという意味がある。たとえば，野球のフォークボールは，ボールを指の
間に挟んで投げることで打者の手許でボールを落下させるのである。しかし，
これはフォークボールを投げる投手の単なる技能であって，そこには思想はな
いということである。

　最後に，「高度」という部分であるが，これは，実用新案権との差異化を図
るための規定であるといわれている。すなわち，第 1 章でみたように，実用新
案権は「考案」を保護するものであるが，この考案は，実用新案法第 2 条で

「自然法則を利用した技術的思想の創作をいう」と定義されている。特許法の発明の定義と違うのは，「高度のもの」があるかないかである。結局，発明と考案という，よく似た用語の違いは高度であるか否かの程度の問題ということになる。この程度の差が，20年と10年という保護期間の差となって表れているのである。

（3） 特許要件

　発明であれば何でも特許権による保護対象となるわけではない。特許権を取得するためには，発明の定義を満たしたうえで，以下に述べる特許要件を満たしている必要がある。

① 「**産業上の利用可能性**（第29条）」　　すでにみたように，特許法の目的には，産業の発達に寄与することというものがあった。このことを頭に入れて考えてみると，どんなに優れた発明であっても，それが産業上で利用できないのであれば，特許権として保護する意味がないということになる。したがって，特許権を取得するためには，それが産業上で利用できる必要がある。

　たとえば，製薬会社が，研究開発の成果としてがんを抑制する化合物を発明したとしよう。この発明による化合物は製薬という産業で利用可能であるから，いうまでもなく，産業上の利用可能性がある。では，地球温暖化防止のために，地球全体をUVカットフィルムでおおって赤外線をカットする発明はどうであろうか。この発明は，一見すると，環境保護対策製品を作る産業などで利用できそうである。しかし，答えは，ノーである。その理由は，地球全体をフィルムでおおうなどということは，物理的に実行不可能だからである。物理的に実行不可能なのだから，いかなる産業においても利用はできないということである。

　医療技術についても注意が必要である。たとえば，A大学の教授が，画期的な肺がんの手術方法を発明したとしよう。この発明は，病院などの医療機関で利用可能であるようにも思われる。しかし，この発明をA大学の特許権として認めてしまうと，それではB大学に運ばれてきた肺がん患者

はどうなるのだろうか。B大学の医師は、「A大学が特許取得したあの術式によればこの患者さんを救えるのに……」と思いながら、「しかし、あの術式はA大学の権利だから、うちの病院では使えないな」ということで諦めるしかないのだろうか。こういう理由で患者が救われないというなら、この発明に産業上の利用可能性があるなどとは、とうていいえないであろう。このように、医療技術については、特許権は取得できないというのが、現在の考え方である。

② **「新規性**（第29条第1項）」　これは、「公知発明」、「公用発明」または「刊行物もしくは電気通信回線（インターネットなど）上で閲覧可能な発明」ではないことを求める要件である。公知発明とは、すでに知られている発明を、公用発明とは、すでに利用されている発明を、刊行物もしくは電子通信回線上で閲覧可能な発明とは、仮にまだ誰も閲覧していなかったとしても、閲覧可能な状態になっている発明のことをいう。要するに、新しい発明でないと特許権は取得できないということである。

　よくあるケースは、発明をした教授が、その内容を論文にまとめて発表してしまうケースである。この場合には、論文を読んだ人はその発明を知ることになるので、その発明は公に知られた公知発明ということになってしまい、これは新しくなく（新規性喪失）、したがって特許権をとれないということになってしまう。

③ **「進歩性**（第29条第2項）」　これは、「その発明の属する技術の分野における通常の知識を有する者が容易に考えつかないこと」をいう。誰も思いつかなかった発明だからこそ、特許権で保護する価値があるということである。進歩性がない例として、わかりやすいものの1つに、転用がある。パチンコの機械に関する発明を、パチンコ玉かメダルかという違いはあるものの、本質はほとんど変わらないスロットの機械に転用した発明などがその例である。この業界に属する技術者ならば、パチンコに使える発明を、スロットにも使えるのだと思いつくことは極めて容易であるからである。

④ 「**先願性**（第39条）」　これは，一発明一特許の原則に照らして，同じ発明については，先に出願した者だけが特許権による保護を受けることができるとする規定である。出願（しゅつがん）とは，特許庁に特許出願書類を提出することである。出願さえしてしまえば，特許を受ける権利は自社だけに与えられ，仮にそれ以降に同じ発明を出願する者がいたとしても，その者が特許権を取得する可能性はなくなる。その意味で，実際に特許権を取得できると思うか否か，あるいは特許権を取得したいと思うか否かに関わりなく，ライバルが特許権を取得してしまう可能性を封じるために，1日も早く特許出願することが大切になる場合もある。

⑤ 「**公序良俗等を害するおそれがないこと**（第32条）」　公序良俗とは，公の秩序または善良の風俗を略した言葉であり，「国家・社会の公共の秩序と普遍的道徳」（岩波書店『広辞苑　第7版』）と定義されている。たとえば，殺人に関する発明は，この規定により特許権を取得することはできないということになる。

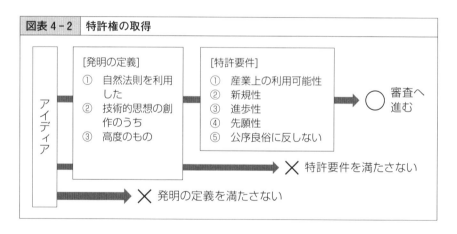

図表 4 - 2　特許権の取得

以上のように，特許権を取得するためには，対象となるアイディアが発明の定義を満たし，かつ，特許要件を満たす必要がある。こうした発明が特許庁によって審査・査定されれば，晴れて特許権が成立するのである。

（4）　出願と審査請求

　特許権を取得するためのプロセスは，特許庁に出願書類を提出するところからはじまる。出願書類は，願書，特許請求の範囲，明細書，図面（必要に応じて），要約書からなっている。こういった書類を作成し，出願から権利維持まで幅広く知的財産についてサポートしてくれる専門家が「弁理士」である。

　出願すれば，すぐに審査がはじまるわけではない。審査してもらうには，出願から３年以内に「審査請求」をする必要がある。いいかえると，審査請求があるまでは，特許庁はこの発明について何もしてくれないのである。そして，この３年以内に審査請求をしなければ，出願は取り下げたものとみなされ，二度とこの発明について特許出願することはできなくなる。もちろん，他社が改めて出願することもできない。

　しかし，特許権を取りたくて出願したはずなのに，どうして，改めて審査請求をしなくてはならないのだろうか。この点については，実は，出願者が必ずしも特許権を取得したいと考えているとは限らないという事情がある。

　特許権を取得する気がないのに出願するというのは不思議な話であるが，たとえば，①特許権を取得しこれを維持するだけのお金や労力を割く余裕はないが，さればといってライバル企業に特許取得されてしまい，その発明が実施できなくなるのは困ると考えているケースや，②PRのために，特許出願したという事実だけがほしいケース（「特許出願中」と自社製品に表示したい），などがある。

　すでにみたように，特許要件の中には先願性があり，同じ発明については，先に出願した者にだけ特許権を取得するチャンスが与えられるのであるから，とにもかくにも出願をすることで，ライバル企業が特許権を取得してしまうという最悪の事態を避けようとするのである。こういう理由から，出願することと，それを査定してもらうことの２段階が設けられているのである。

（5）　公開制度

　出願された内容，つまり発明の中身は，上記の審査請求がなくても，１年半経過したら世間に公開される。かかる公開に用いられる書類のことを「特許公

開公報」という。この公開の意義は，特許法の目的の1つが「産業の発達に寄与」することにあることと関連している。すなわち，特許権を与えることで発明者を保護してあげる代わりに，その内容を世間に公開することで，他社（者）にもいち早く発明の内容を知ってもらい，これを基に新たな発明を生み出していってもらい，かくして産業を発達させようということである。なお，審査に進み，最終的に特許権が付与された場合には，「特許公報」として同様にその発明内容が公開される。

　これら特許公開公報や特許公報は，独立行政法人工業所有権情報・研修館が運営する「特許情報プラットフォーム（J-PlatPat）」というインターネットサイトにアクセスすれば，誰でも自由に閲覧可能である。**図表4-3**は，筆者が勤務する久留米大学が保有する特許権に関する特許公報である。紙幅の都合上，ここでの引用は最初の1ページだけであるが，本物はPDFで全15ページにわたっている。

　これを見ただけでも，この発明について，特許権者や代理人としての弁理士の氏名，出願日，公開日，審査請求日，（特許権としての）登録日などの情報が手にとるようにわかる。そして，15ページにわたって，発明の内容が詳細に記されている。

　ところで，随所に「請求項」という用語が用いられていることに気づくだろうか。英語では「クレーム」という。**図表4-3**では，請求項の数は7となっている。これは，特許権として保護してもらいたいと考える発明内容を細分化したものである。いいかえると，1つの特許公報として公開されているが，発明の中身は，実は7つあるということである。当該領域の研究者や技術者にとっては，この7つの請求項の一つひとつが，極めて重要なのである。

図表4-3　特許公報の例

特許第6103577号
(P6103577)

(45)発行日　平成29年3月29日（2017.3.29)　　　(24)登録日　平成29年3月10日（2017.3.10)

(51)Int. Cl.　　　　　　　　　　　FI
　C12N　1/21　(2006.01)　　　C12N　1/21　ZNA
　C12N　15/09　(2006.01)　　　C12N　15/00　A
　C12P　13/00　(2006.01)　　　C12P　13/00

　　　　　　　　　　　　　　　　　　　　　　　　　請求項の数7　（全15頁）

(21)出願番号　　　特願2012-260321(P2012-260321) (22)出願日　　　　平成24年11月28日(2012.11.28) (65)公開番号　　　特開2014-103920(P2014-103920A) (43)公開日　　　　平成26年6月9日(2014.6.9) 　審査請求日　　平成27年10月13日(2015.10.13) 微生物の受託番号　NPMD　NITE BP-1202	(73)特許権者　599045903 　　　　学校法人　久留米大学 　　　　福岡県久留米市旭町67番地 (74)代理人　100080791 　　　　弁理士　高島　一 (74)代理人　100125070 　　　　弁理士　土井　京子 (74)代理人　100136629 　　　　弁理士　鎌田　光宜 (74)代理人　100121212 　　　　弁理士　田村　弥栄子 (74)代理人　100122688 　　　　弁理士　山本　健二 (74)代理人　100117743 　　　　弁理士　村田　美由紀 　　　　　　　　　　　最終頁に続く

(54)【発明の名称】　緑色硫黄細菌変異株及びそれを用いたバクテリオクロロフィルc同族体の製造方法

(57)【特許請求の範囲】
【請求項1】
　BChl eを産生する緑色硫黄細菌において，下記遺伝子が欠損してなる，BChl c産生変異株。
(a)　該緑色硫黄細菌がクロロバキュラム・リムナエウム（Chlorobaculum limnaeum）RK-j-1株（受託番号：NITE BP-1202）の場合，配列番号1に示されるヌクレオチド配列を含む遺伝子
(b)　該緑色硫黄細菌がクロロバキュラム・リムナエウムRK-j-1株以外の菌株の場合，配列番号2に示されるアミノ酸配列と90%以上の同一性を有するアミノ酸配列をコードする遺伝子であり，かつ欠損させた場合に該菌株がBChl cを産生する遺伝子
【請求項2】
　天然のBChl c産生緑色硫黄細菌と比較して，高級BChl c分子種の組成比が高いことを特徴とする，請求項1記載の変異株。
【請求項3】
　高級BChl c分子種がC8位にイソブチル基を有し，且つC12位にエチル基を有する，請求項2記載の変異株。
【請求項4】
　BChl eを産生する緑色硫黄細菌がクロロバキュラム・リムナエウムRK-j-1株である，請求項1～3のいずれか1項に記載の変異株。
【請求項5】

練習問題・4

問1 知的財産基本法について述べた次の文章のうち，正しいものには○を，間違えているものには×を記入しなさい。

ア　この法律に基づいて知的財産本部が設置され，ここが，毎年，「特許公報」を発行している。

イ　この法律が目指すのは，特許法や実用新案法などの個別の法律で保護されることのない，ノウ・ハウやブランドなどを保護することである。

ウ　この法律の目的の1つに，日本の国際競争力の強化があるが，そのために実施されているのがプロパテント政策である。

エ　この法律は，知的創造サイクルのうち，「創造」を強化することを目的としているので，ライセンスなど「活用」に関係することはその対象外とされている。

オ　この法律は，知的財産全般に関する法律であり，貸借対照表への知的財産の計上額の算定方法などの会計基準もそこに盛り込まれている。

ア	イ	ウ	エ	オ

問2 特許権に関する次の問いに答えなさい。

　特許権とは，（　ア　）を保護する権利である。そもそも，特許法の目的は，（　ア　）者の保護と，（　イ　）の発達に寄与することにある。ここに，（　ア　）とは，（　ウ　）を利用した技術的思想の創作のうち（　エ　）のものをいう。もっとも，（　ア　）であれば，すべてが特許権になるわけではない。特許権を取得するには，いくつかの特許要件を満たしていなければならない。

　すなわち，(a)産業上の利用可能性，(b)新規性，進歩性などである。なお，これらの他にも，(c)公序良俗に反するものは特許権として保護されない。

　特許権の保護期間は，（　オ　）時から数えて20年である。

(1) 空欄ア～オに当てはまる語句を答えなさい。

ア	イ	ウ	エ	オ

(2)　下線部(a)に関して，正しいものを1つ選び，その番号を○で囲みなさい。

① 地球全体をフィルムでおおう技術は，環境保護に関連する産業で利用可能であるので，特許権として保護される可能性がある。

② 医師が患者を手術する方法は，医療産業で利用可能であるので，特許権で保護される可能性がある。

③ 医師が患者を手術するためのメスを製造する技術は，医療機器産業で利用可能であるので，特許権で保護される可能性がある。

④ 軽いタバコをおいしく吸う方法に関する技術は，特許権として保護される可能性がある。

(3)　下線部(b)に関して，正しいものを1つ選び，その番号を○で囲みなさい。

① 公知発明とは，特許庁によって公認された発明である。

② すでに知られている発明であっても，他に特許出願する人がいなかった場合には，自分の発明として出願し，特許権を取得することができる。

③ 自分の発明について，特許出願前に学会発表を行った。その後に，特許出願した場合には，当該発明について特許権を取得することは原則として出来ない。

④ 新規性とは，新しい産業分野に関する発明でなければならないということである。

(4)　下線部(c)に関して，正しいものを1つ選び，その番号を○で囲みなさい。

① 殺人に関する技術につき，特許権を取得することはできない。

② フォークボールの投げ方は，この規定によって特許要件を満たさないとされる。

③ 公序良俗とは，研究費の不正使用など，違法行為をして得られた知見をベースに発明を行うことを禁じる規定である。

④ 特許要件の1つである先願性は，公序良俗に反しないことを担保するために設定された要件である。

問3　特許制度に関する次の(1)と(2)の問いに答えなさい。

　特許権を取得するためには，発明につき，これを特許庁に（　ア　）しなければならない。しかし，（　ア　）すれば，すぐに（　イ　）が行われるわけではなく，(a)一定期間内に（　イ　）請求をしなければならない。これがあって，はじめて特許庁は（　イ　）を行うのであり，その結果（　ウ　）されれば，特許権を取得することができる。

　また，（　イ　）請求があるとないとに関わりなく，(b)一定期間が経過すれば，発明の内容は公開される。かくして公開するために用いられる書類を（　エ　）という。

これに対して，すでに（　ウ　）が行われ，特許権が取得された発明の内容を記した書類は（　オ　）とよばれる。

（　ア　）するための書類のことを願書というが，これを作成する専門家のことを（　カ　）という。

1つの特許権は，必ずしも1つの発明から成り立っているわけではない。1つの発明につき，保護してもらいたい内容を分割しているケースも少なくない。かくして分割された発明内容のことを（　キ　）または英語で（　ク　）という。

(1) 空欄（ア）～（ク）に当てはまる語句を答えなさい。

ア	イ	ウ	エ	オ

カ	キ	ク

(2) 下線部(a)および(b)の一定期間とは，具体的にどれだけの期間か答えなさい。

(a)	(b)

第5章

知的財産に関する現行会計基準

Focus

本章では，知的財産に関する現行会計基準について学習することにしたい。本書の主たるテーマは知的財産の会計であるから，本章からがいよいよ核心部分であるといえる。まずは，本章において現行会計基準を検討することを通じて，知財会計が抱える問題点を明らかにすることにしたい。

なお，現行会計基準においては，「無形資産会計」または「企業結合会計」の領域で知的財産が扱われているので，本章では，必要に応じて無形資産を知的財産と読み替えたうえで検討を進めることにしたい。

なお，知的財産に関する現行会計基準は，大きく，「買入知的財産（かいいれちてきざいさん）」に関する会計基準と，「自己創設知的財産（じこそうせつちてきざいさん）」に関する会計基準の2つに分かれている。ここで，買入知的財産とは，他社から購入した知的財産のことである。これに対して，自己創設知的財産とは，自社内で研究開発などを通じて創り出した知的財産のことである。

1　買入知的財産の会計基準

（1）　通常の購入による買入知的財産の取得

通常の購入による買入知的財産の会計基準は，極めてシンプルである。すなわち，企業会計原則という会計基準の第三，五，Ｅに「無形固定資産については，当該資産の取得のために支出した金額から減価償却累計額を控除した価額をもって貸借対照表価額とする」という規定がある。これは，会計基準の大原則の1つである「取得原価主義（しゅとくげんかしゅぎ）」に則（のっと）ったものである。すなわち，資産の金

額は，それを取得するために支払った対価の額をもって決定するという大原則である。

　具体例を示そう。たとえば，前立腺がん治療薬に関する特許権を，現金300万円を支払って購入したとしよう。この場合，取得のために支出した金額が300万円であるから，この特許権の価額も300万円となる。仕訳を示せば，次のとおりである。

(借)	特 許 権	300万円	(貸)	現 金	300万円

　この会計処理には，資産の金額決定に，取引当事者による評価を反映できるという長所がある。すなわち，売り手と買い手が交渉を重ねた結果，300万円という金額が決定されたのであるから，この300万円がこの特許権の公正価値（こうせいかち）あるいは時価（じか）ということになる。このように公正価値あるいは時価を反映できるのであるから，この会計処理に特段の問題はないといえよう。

　知的財産については，取得後に償却（しょうきゃく）を行う。償却とは，保有する資産の価額を，使った分だけ減額し費用にすることである。たとえば，上記の特許権の残存権利期間が6年であるとしよう。この場合には，300万円の特許権を6年で割って，1年当たり50万円を使用したと考えることができる。したがって，50万円の費用が発生（特許権償却という）し，その分，特許権という資産が減少する（特許権を50万円分使ったので価値が減少した）ことになるので，以下の会計処理が行われることになる。

(借)	特許権償却	50万円	(貸)	特 許 権	50万円

（2）　企業結合による買入知的財産の取得

　知的財産の取得は，通常の購入以外の方法でも行われる。その1つに，企業結合（ぎょうけつごう）がある。企業結合とは，ある会社が他の会社を合併（がっぺい）または子会社化（こがいしゃか）（買収（ばいしゅう））という手段を通じて取得することである。企業結合は，M&A とよばれることもある。ここで，M は，合併を意味する Merger の頭文字，A は，

買収を意味する Acquisition の頭文字である。

　ここで，合併とは，複数の会社が 1 つの会社になることである。では，一歩突っ込んで，複数の会社が 1 つの会社になるとは，どういう仕組みなのであろうか。正解は，ある会社（A 社とする）が，別の会社（B 社とする）を購入するという仕組みである。ただし，合併の場合には，A 社は現金の支払いを通じて B 社を購入するのではなく，現金の代わりに A 社株式を発行するという特徴がある。**図表 5 - 1** の具体例でみてみよう。

図表 5 - 1	**合併の会計処理**

> 　A 社は，B 社を合併した。この合併にあたり，A 社は株式 1 万株を発行した。A 社株式の株価は 1 株当たり300円であった。合併直前に，B 社には，資産として備品80万円および土地150万円，負債として借入金70万円があった。

　まず，この合併では，A 社が B 社を購入するわけであるが，この購入によって A 社が取得するのは，具体的には B 社の資産である備品80万円と土地150万円および負債である借入金70万円である。資産と負債を相殺すると，正味（純資産）で160万円である。これを「認識済受入純資産」という。

　これを取得するために A 社が支払った対価は，A 社自身の株式である。1 株当たり300円の A 社株式を 1 万株発行したということなので，掛け算すると300万円となる。これを「支払対価」という。なお，株式を発行するということは，株主に出資してもらうことを意味するので，同額だけ資本金を増加させることになる。

　さて，160万円の認識済受入純資産を取得するために，300万円の支払対価（A 社株式）を支払ったというわけであるが，差額の140万円は何を意味するのであろうか。実は，この140万円こそ知的財産である可能性が高いのである。なぜならば，A 社は，「B 社には備品と土地以外の資産，すなわち知的財産がある」からこそ，140万円も多く払ったと考えられるからである。

　この合併を会計処理するためには，この140万円の理由を分析する必要がある。これを「原因分析」という。原因分析の結果，140万円多く払った理由は，B 社のブランド力だったとしよう。このように，原因分析の結果として存在が

判明した資産（主に知的財産）のことを「未認識受入純資産」という。この原因分析まで行った結果，次の仕訳が行われることになる。

（借）	備　　　品	80万円	（貸）	借　入　金	70万円
	土　　　地	150万円		資　本　金	300万円
	ブ ラ ン ド	140万円			

　このように，企業結合における原因分析の結果，これまでB社において未認識であった知的財産（ブランド）が新たに認識されることになる。その意味で，知財会計にとって原因分析は極めて重要である。

　ところで，この原因分析によって，140万円のすべての原因が判明するとは限らない。条件を変更して，140万円のうち，80万円がブランドであり，40万円が意匠権であることが判明したが，残りの20万円の原因は判明しなかったとしよう。この場合，原因が判明しなかった20万円のことを「のれん」という。のれんは，正体は不明であるが，しかし何らかの価値をもつ部分という理由で「超過収益力」などとよばれることもある。仕訳は次のようになる。

（借）	備　　　品	80万円	（貸）	借　入　金	70万円
	土　　　地	150万円		資　本　金	300万円
	ブ ラ ン ド	80万円			
	意　匠　権	40万円			
	の　れ　ん	20万円			

　のれんの会計処理は，企業会計基準第21号「企業結合に関する会計基準」の第32項で「資産に計上し，20年以内のその効果の及ぶ期間にわたって，定額法その他の合理的な方法により規則的に償却」するよう規定されている。また，のれんは，固定資産の減損に関する会計基準の適用対象でもある。減損会計については，第11章で説明することにする。

　買収の会計処理も上記の合併の会計処理と考え方は全く同じである。ただし，買収は合併とは違って，B社の受入純資産を現金などの資産を支払対価として取得することになる。したがって，次のように仕訳の貸方の「資本金」を「現金（またはその他の資産）」に読み替えればよい。

（借）	備　　　品	80万円	（貸）	借　入　金	70万円
	土　　　地	150万円		現　　　金	300万円
	ブ ラ ン ド	80万円			
	意 匠 権	40万円			
	の れ ん	20万円			

　さらに，買収は，B社株式を取得し，B社を子会社化するという形で行われることもある。その場合の企業結合の会計処理は，次のとおりである。

（借）	B 社 株 式	300万円	（貸）	現　　　金	300万円

　その後の連結修正仕訳（連結修正仕訳については章末の注を参照）では，以下の処理が行われるので，結局は，支払対価と認識済受入純資産との差額として，ブランド80万円，意匠権40万円，のれん20万円という知的財産が計上されることになる。

（未認識受入純資産の評価）

（借）	ブ ラ ン ド	80万円	（貸）	評 価 差 額	120万円
	意 匠 権	40万円			

（投資と資本の相殺消去）

（借）	資 本 金	160万円	（貸）	B 社 株 式	300万円
	評 価 差 額	120万円			
	の れ ん	20万円			

2　自己創設知的財産の会計処理

　自己創設知的財産の会計処理は，買入知的財産の会計処理とは全く異なっている。まず，知的財産を自己創設するためには，そのために研究開発（Research and Development：R&D）や広告宣伝，アフターサービスなどの支出を行っているのが普通であるから，この部分を会計処理する必要がある。

　もっとも，これらの会計処理は極めてシンプルであり，要するに当期の費用として処理する。たとえば，現金300万円を支出して研究開発を行った場合には，

（借）	研究開発費	300万円	（貸）	現　　金	300万円

という処理が行われる。研究開発費は，損益計算書上では「販売費及び一般管理費（通称，「販管費」という）」の箇所で計上される。

　さて，ここで，この300万円を費やした研究開発の成果として，アイディアが生まれるのであるから，このアイディア部分を知的財産として資産計上する余地はないのか，という疑問を抱いた人はいないだろうか。この疑問をもった人は，非常にセンスが良いと思う。なぜなら，知的財産を生み出すために，研究開発が行われたはずだからである。

　しかし，現行会計基準は，この会計処理を完全に否定している。すなわち，「研究開発費等に係る会計基準」の１，三は，「研究開発費は，すべて発生時に費用として処理しなければならない」と規定しており，かくして計上される研究開発費を資産に振り替えることを禁じている。その理由として，「研究開発費等に係る会計基準の設定に関する意見書」の三，２は，「研究開発費は，発生時には将来の収益を獲得できるか否か不明であり，また，研究開発計画が進行し，将来の収益の獲得期待が高まったとしても，依然としてその獲得が確実であるとはいえない……（中略）……また，仮に，一定の要件を満たすものについて資産計上を強制する処理を採用する場合には，資産計上の要件を定める必要がある。しかし，実務上客観的に判断可能な要件を規定することは困難であり，抽象的な要件のもとで資産計上を求めることとした場合，企業間の比較可能性が損なわれるおそれがある」と述べている。

　このような理由から，現行会計基準のもとでは，研究開発費が特許権などの知的財産に振り替えられることはないのであるが，特許権を取得したことそれ自体については，次のような処理が行われる。

　たとえば，上記の研究開発によって創造された発明につき特許権を取得する際に，特許庁に対する出願，審査請求および登録に対する手数料（特許印紙

代）ならびに弁理士に対する手数料などとして，すべて合わせて50万円の支出を行ったとすると，

（借）	特　許　権	50万円	（貸）	現　　　　金	50万円

という処理が行われる。このように，自己創設知的財産については，その創造に要した研究開発費は，「費用」として処理され，その後に特許権を取得するために要した支出のみが「資産」すなわち特許権をはじめとする知的財産として処理されるのである。

3　知財会計論の課題

　このように，買入知的財産と自己創設知的財産の会計処理が全く異なるものであることが，知財会計論の大きな課題の1つになっている。この課題をさらに細かくみていくと，まずは，比較可能性の問題があげられる。

　製薬業界を例にとって，実際の数字も用いながら比較してみよう。製薬業界では，1つの薬を開発するのに，500億円ほどの研究開発費がかかることもめずらしくないという。新たに薬を創り出す，いわゆる新薬メーカーの多くは，これだけのお金をかけて研究開発を行って，自己創設知的財産としての特許権を取得するのである。

　これに対して，他社が開発・取得した特許権を購入して製造販売する戦略をとるメーカーもある。たとえば，研究特化型の会社から特許権を買い取る戦略や，M&Aによって優良な特許権を保有する製薬会社を丸ごと買い取る戦略などがこれにあたる。この戦略にももちろん多額のお金がかかることは間違いない。ここでは，どちらの戦略をとるにしても，必要な資金は500億円であるとしたうえで，両者の会計処理を比較してみよう（図表5-2）。

　こうしてみると，自社で研究開発を行う企業には，大変厳しい会計基準であることがわかる。すなわち，特許権を利用してビジネスを行うという意味では全く同じであるにもかかわらず，自社で研究開発を行えば行うほど費用が増加するのに対して，他社の研究開発の成果としての特許権を購入すれば，費用計

図表5-2	会計処理の比較

自己創設知的財産（自社で研究開発を行う場合）

（借）	研究開発費	500億円	（貸）	現　　金	500億円
	特　許　権	50万円		現　　金	50万円

a．研究開発費という費用が500億円も発生する。
b．その分，利益は減少する。
c．成果として特許権を取得しているが，その金額はわずか50万円にすぎない。

買入知的財産（他社の特許権を買いとる場合）

（借）	特　許　権	500億円	（貸）	現　　金	500億円

a．500億円もの特許権（知的財産）が資産として計上される。
b．費用は発生せず，したがって利益の減少もない。

上を一切する必要がないばかりではなく，多額の特許権を資産計上できるからである。

　さらに，ごく端的な問題点であるが，研究開発を自社で行う企業の貸借対照表には，ごく一部を除いて，知的財産が計上されないという問題があり，しかも，その計上される一部の知的財産も，実態とはかけ離れた金額の50万円にすぎないという問題である。**図表5-2**の自社で研究開発を行う企業の場合には，500億円という研究開発費の存在は，知的財産の評価額には無関係である。知的財産の評価額として結実するのは，特許庁への出願・審査・登録および弁理士費用等の50万円（以下，「出願費用」という）だけである。この50万円がその特許権の実態，すなわち公正価値を表しているのであれば問題はない。しかし，残念ながら，この50万円は公正価値とは無関係である。なぜならば，出願費用は，特許権の中身（発明の種類）に関わりなく，一律だからである（請求項の数によって金額が上下はするが，それとて発明の中身とは無関係である）。金額的にみても，相対的に非常に少額である。出願費用は，請求項の数にもよるが，おおむね50万円から100万円が目安であるといわれている。とすれば500億円規模の研究開発費に比して極めて少額なものにとどまるといわざるを得ない。さらに，出願費用は，発明の中身とは無関係なのであるから，たとえば，がんの特効薬の発明であろうが，実用化に至らずに終わる発明だろうが，金額に差異は

| 図表 5-3 | 現行会計基準にみる知財会計論の課題 |

現行会計基準によると,
①　M&A 等で知的財産を購入した企業と,自社で研究開発を行った企業との間に比較可能性がない。
②　端的に,研究開発型企業の貸借対照表に知的財産が計上されない。

ないのである。以上のことをまとめたのが,**図表 5-3** である。

　この 2 つの課題を,実際の企業の財務諸表で確認してみよう。まず比較可能性の課題について,**図表 5-4** は,最近大型の M&A を実施して,多くの買入知的財産を取得した武田薬品と,同様に主要製薬企業であるが,特に大型M&A は行わずに自社内研究開発を続けている第一三共とを比較したものである(直近の年次決算。無形資産は知的財産と読み替えている)。

| 図表 5-4 | 武田薬品と第一三共の比較 |

(2019年 3 月期連結ベース 単位:百万円)

		武田薬品	第一三共
a)	貸借対照表上の知的財産	4,860,368	169,472
b)	貸借対照表上の資産総額	13,872,322	2,088,051
c)	知的財産が資産総額に占める割合　a)/b)	35.03%	8.11%
d)	当期研究開発費	368,300	203,700

(出所)　両社有価証券報告書2019年 3 月期より作成。

　これをみると,武田薬品の知的財産が資産合計に占める割合は,約35%であるのに対して,第一三共のそれは約 8 %にとどまっている。武田薬品に知的財産が多く計上されている理由は,2019年にアイルランドのシャイヤー社を買収し,3,899,298百万円もの買入知的財産を計上したことが大きい。第一三共は,最近は M&A を行っておらず,買入知的財産は計上していないのであるが,研究開発自体は極めて活発に行っている。すなわち,有価証券報告書の「研究開発活動」の項目をみると,乳がん,白血病,腱滑膜巨細胞腫,高血圧,疼痛の新薬が臨床試験のフェーズ 3 に進んでいるという。ちなみに2019年 3 月決算

における研究開発費は203,700百万円であり，これは同社の貸借対照表上の知的財産の額（169,472百万円）を上回る額である。

　もう1つの課題である，端的に研究開発型企業の貸借対照表に知的財産が計上されないという課題であるが，これはアメリカのトップ企業に極めて顕著に表れている。

| 図表5-5 | アメリカのトップ企業における知的財産の計上状況 |

（連結ベース　単位：百万ドル）

		(a)　知的財産	(b)　資産総額	(c)　知的財産が資産総額に占める割合 (a)/(b)
1位	アップル	—	367,502	0%
2位	グーグル	2,809	206,935	1.35%
3位	マイクロソフト	8,544	245,497	3.48%
4位	アマゾン	13,388	126,362	10.59%

（出所）　2018年3月の各社10-Qより作成。

　図表5-5は，株式時価総額で上位4社を選んだものである。ご覧のように，まさに今の時代を象徴するように，すべてIT企業である。IT企業のビジネスは，プログラム，ソフトウェアなどアイディア，すなわち，知的財産を原動力にしているはずである。ところが，その知的財産の計上額は極めて小さく，資産総額に占める割合も，アマゾンがかろうじて10％を超えているものの，あとは1桁であり，トップのアップルに至ってはゼロ％である。これはとても信じられない話のようにみえるが，事実である。いずれにせよ，このような会計情報からは，IT企業の実態を理解することなど到底不可能であるといえよう。そして，このような課題を解決することこそ，知財会計論の課題であるといって間違いないものと思われる。

4　補論：国際財務報告基準（IFRS）における知的財産の会計処理

　本書において，会計基準という場合には，特に断らない限り，日本の会計基準を指すものとして用いているが，ここで，国際財務報告基準（International Financial Reporting Standards：IFRS）における自己創設知的財産の会計処理に触れておきたい。

　知的財産に関するIFRSの会計基準は，国際会計基準（International Accounting Standards：IAS）38である。同基準は，ごく一部ではあるが自己創設知的財産の計上を規定している。すなわち，第57項で，（研究局面ではなく）開発局面の支出のうち，①完成までもっていける技術力があり，②完成させる意図があり，③使用または販売できる能力があり，④将来の経済的便益が期待でき，⑤それを可能にする経営資源があり，⑥測定可能であるという，合計6つの条件を満たす支出については，これを資産計上しなければならないと規定している。さらに，「活発な市場が存在すること」という条件のもとで，無形資産の公正価値での再評価も認めている（第75項）。

　つまり，非常に狭き門ではあるが，開発支出の存在があり，これが6つの条件を満たしており，かつ再評価法を選択適用できれば，自己創設知的財産を買入知的財産と同じように公正価値ベースで資産計上できる可能性があるのである。以上のことを，設例で確認してみよう（**図表5-6**）。

図表5-6　IFRSにおける自己創設知的財産の計上
当社は500億円を投じて，ある技術の開発を行い，結果得られた発明につき特許権を取得した。この開発支出はIAS38の6つの条件を満たしている。また，この特許権については活発な市場が存在するので，再評価法を採用することにした。当該市場での時価は550億円であった。

　この設例には，2つの段階がある。まず，最初の開発のために支出を行った点については，IAS38の6つの条件を満たしているのであるから，

（借）	特　許　権	500億円	（貸）	現　　　金	500億円

という会計処理が行われる。かくして，自己創設知的財産として特許権が資産
計上されるのである。この点，日本の会計基準のもとでは，研究開発費500億
円として費用処理されるのであるから，かなり大きな違いである。

　次に，再評価法を採用するというのであるから，

（借）	特　許　権	50億円	（貸）	再評価剰余金	50億円

という会計処理を通じて，特許権をその時価である550億円へと修正するので
ある。この再評価法まで適用すれば，この特許権を買入知的財産として時価で
購入した場合の会計処理と同じ処理をしたことになる。ただし，本設例はあま
り現実的ではない。研究ではなく，開発によって特許権が創設されるという前
提に無理があるうえに，その特許権につき市場が存在するという設定も現実に
はあり得ないからである。

　このIFRSの会計処理であるが，実務では，ソフトウェアについて開発支出
を資産計上する前段の処理が比較的よく行われているようである。しかし，後
段の再評価法は，ほとんど採用されていないようである。詳しくは，拙稿「取
得法が提起する無形資産会計の論点」『會計』第194巻第5号（2018年11月）を
参照されたい。

[第5章末注]

　連結修正仕訳とは，親会社と子会社を1つの企業グループとしてとらえる「連結財務諸表」を作成するための一連の仕訳である。次の例をみてみよう。

　A社は，B社株式のすべてを300万円で取得し，B社を子会社にした。この時点における両社の個別貸借対照表は，次のとおりであった。

A社貸借対照表 (単位：万円)　　　　　　　B社貸借対照表 (単位：万円)

備　　品	500	借 入 金	200	備　　品	80	借 入 金	70
B 社株式	300	資 本 金	600	土　　地	150	資 本 金	160
	800		800		230		230

　なお，子会社化にあたってB社の資産内容を精査したところ，未認識の知的財産として，ブランド80万円と意匠権40万円が存在することが判明した。

　連結財務諸表（この場合は連結貸借対照表）を作成するためには，まず両社の個別財務諸表を単純合算する（資本金はA社とB社で分けておく）。

単純合算した貸借対照表　(単位：万円)

備　　品	580	借 入 金	270
土　　地	150	資 本 金(A社)	600
B 社株式	300	資 本 金(B社)	160
	1,030		1,030

　しかし，この単純合算した貸借対照表には，B社の未認識知的財産であるブランドと意匠権は計上されないままである。そこで，連結修正仕訳①として，次の仕訳を行うことで，未認識知的財産を計上する。

連結修正仕訳①

(借)	ブランド	80万円	(貸)	評価差額(利益剰余金) 120万円
	意 匠 権	40万円		

　ここで借方のブランド80万円および意匠権40万円は，文字通りそれぞれ資産の増加としての借方記入である。一方で，貸方の「評価差額」は，資産が合計120万円

増加した分，この企業グループに収益がもたらされたことを表すものである。ただし，収益は貸借対照表上では利益剰余金などの純資産の項目として表現されることになる。ここまでを反映させると次の貸借対照表になる。

知的財産を反映させた貸借対照表　（単位：万円）

備　　品	580	借　入　金	270
土　　地	150	資　本　金（A社）	600
B社株式	300	資　本　金（B社）	160
ブランド	80	評価差額	120
意　匠　権	40		
	1,150		1,150

（左欄：自らの企業集団に投資？／右欄：自らの企業集団に出資してもらった？）

　ここで上の貸借対照表のB社株式勘定をみてほしい。B社株式勘定は，B社に対する株式投資を表すものである。しかし，だれが株式投資しているのかといえば，それはこの貸借対照表の主体，すなわちA社とB社からなる企業集団である。その企業集団の一部にはB社が含まれるのであるから，結局は，「B社自身がB社に株式投資している」ということになってしまい，これは明らかにおかしい。

　同様に，貸方の資本金（B社）および評価差額をみてほしい。これは純資産の部の科目であるから，株主から出資してもらったことを意味するはずである。しかし，ここで株主とはだれかといえば，それはこの貸借対照表の主体の一部であるA社である。そして，A社はこの企業集団の一部なのであるから，結局は，「企業集団自身が企業集団に出資している」ということになってしまい，これは明らかにおかしい。

　そこで，子会社への株式投資（B社株式）と，子会社の純資産の部（資本金（B社）と評価差額）は，連結財務諸表の作成にあたり消去する。これを「投資と資本の相殺消去」といい，これも連結修正仕訳の1つである。なお，この連結修正仕訳においても，合併におけるのと同様に，投資額（B社株式）300万円と，B社の純資産合計280万円の差額として，のれん20万円が計上される。

連結修正仕訳②

（借）	資　本　金（B社）	160万円	（貸）	B社株式	300万円
	評価差額	120万円			
	の　れ　ん	20万円			

　以上，連結修正仕訳①および②を反映させることによって，次の連結貸借対照表を完成させることができる。

連結貸借対照表　　　　（単位：万円）

備　　　品	580	借 入 金	270
土　　　地	150	資 本 金（A社）	600
ブランド	80		
意 匠 権	40		
の れ ん	20		
	870		870

66

練習問題・5

問1 当社は，ある制がん剤の研究開発に300億円を費やし，この開発に成功した。
そこで，この制がん剤の化合物につき，特許権を取得した。特許権取得のために
特許庁に支払った価額は100万円であった。当社の貸借対照表上の特許権の額は
いくらか。

問2 当社は，ある制がん剤の製造販売を行うために，アメリカの製薬メーカーから，
この制がん剤の化合物に関する特許権を300億円で購入した。当社の貸借対照表
上の特許権の額はいくらか。

問3 当社は，研究開発のために，現金300億円を投じた。当期の売上高は2,000億円
であり，当期の売上原価は1,900億円であった。損益計算書を作成せよ。

損益計算書　（単位：億円）
I　売上高　（　　　　　　）
II　売上原価（　　　　　　）
　売上総利益（　　　　　　）
III　販管費　（　　　　　　）
　営業利益　（　　　　　　）

問4 当社は，他社から特許権を購入し，現金300億円を支払った。当期の売上高は
2,000億円であり，当期の売上原価は1,900億円であった。損益計算書を作成せよ。

損益計算書　（単位：億円）
I　売上高　（　　　　　　）
II　売上原価（　　　　　　）
　売上総利益（　　　　　　）
III　販管費　（　　　　　　）
　営業利益　（　　　　　　）

問5　次の一連の取引を仕訳しなさい。

(1)　ある製品の機能を向上させるために，300億円を投じて研究開発を行った。

(借)		(貸)	

(2)　(1)の成果としての発明につき特許権を取得した。なお，特許庁への出願・審査・登録のために100万円を支出した。

(借)		(貸)	

(3)　ある製品の機能を向上させるために，他社の特許権を300億円で購入した。

(借)		(貸)	

第6章

知的財産の評価アプローチと割引計算

Focus

　前章までに，知的財産とは何であり，それが現在のビジネスにおいて重要であるばかりではなく，国の政策としても重要なテーマであることを学んできた。また，知的財産に関する法律についても学ぶとともに，現行会計基準を見ることで知財会計の課題についても学んできた。本章以下では，比重を会計に大きく移して，知財会計の課題の解決に取り組んでいくことにしよう。

　前章でみたように，知財会計の課題は，買入知的財産と自己創設知的財産とで，その会計処理が大きく異なっていることと，端的に知的財産が財務諸表上に計上されていないことであった。しかし，これらの課題を解決しようというなら，買入知的財産と同じように自己創設知的財産を公正価値で会計処理するよう会計基準を変えればいいではないか。あるいは，端的に知的財産を公正価値で評価して財務諸表上に計上できるように会計基準を変えればいいではないか，と思う人も多いと思う。これはまさしく正論である。筆者も強くそう思う。しかし，会計基準をそのように変えることができないのには，やはりそれなりの理由がある。その理由とは何か。それは，知的財産の公正価値を知ること，すなわち公正価値評価することが極めて困難であるからである。公正価値がわからないので，公正価値で財務諸表上に載せようにも載せられないということである。

　ということで，知財会計の課題を解決するための最大のチャレンジは「知的財産の公正価値 評 価」にある。
ちてきざいさん　こうせい か ち ひょう か

　なお，知的財産の公正価値評価は，会計以外の領域でも急務であるといわれている。すなわち，第2章でみた知的財産の活用の場面において，たとえば，自社実施では，社内におけるプロジェクト選定の意思決定に公正

価値が必要であるし，他社実施（ライセンス）では，ライセンス料率の交渉のために公正価値が必要であるし，担保化では，対象知的財産の公正価値の大小によって担保価値ひいては融資額が決定されるだろうし，証券化では，SPCに移転される知的財産の公正価値の大小によって，投資者による出資額や銀行からの融資額が決定されるだろうからである。結局，知的財産の公正価値評価を行うことができれば，知的財産の活用が促進されるのであり，ひいては，知的創造サイクルをより良く回転させることができるといえよう。

1　知的財産の3つの評価アプローチ

　もっとも，知的財産の公正価値評価は，決して容易な作業ではない。むしろ，これが正しいといえる評価方法など確立していないのが現状である。「この特許権は3,000万円である！」といったように1つの金額として結果を示す算式を「価値評価モデル」とよぶわけだが，知的財産の世界では，一般に認められた価値評価モデルはまだ確立していないのである。そのためか，各論者は自らが考える知的財産評価の方向性を明らかにすることから議論をスタートさせることが多いようである。この方向性のことをアプローチとよんでおり，以下に述べる3つのアプローチがよく知られている（詳しくは，Smith=Parrの文献を参照）。

（1）　コスト・アプローチ

　コスト・アプローチとは，対象資産を取得するために支払った金額（原価または支払対価という）をもって当該資産の金額を決定するアプローチである。たとえば，2,000万円を支払って取得した土地ならば2,000万円，材料費500万円と人件費200万円をかけて製造した機械なら700万円というように考える。お金を払うということはそれに見合う価値があるから払うのであり，その金額こそ取得した資産の価値を適切に表すと考えるのである。このように有形資産についてはコスト・アプローチがとられるのが普通であり，会計学では取得原価

主義という用語でも説明される，もっとも一般的な資産評価方法である。

　知的財産にこれを適用してみよう。たとえば，他社から特許権を購入し，対価として3,000万円を支払ったとしよう。つまり，買入知的財産である。この場合，相手との交渉の過程でその特許権の中身を吟味したり，当該技術を応用した製品の将来の売れ行きなども考慮したりして3,000万円という金額が決まったのであろうから，この3,000万円には，当該特許権の価値が反映されているといえよう。したがって，買入知的財産の場合には，有形資産と同様に，コスト・アプローチが最適であるといってよいだろう。

　では，自己創設知的財産の場合はどうであろうか。実は，これにコスト・アプローチを適用する場合，大変難しい問題が生じる。

　すなわち，特許発明の研究開発の段階で3,000万円の研究開発費を投じたならば，当該特許権の価値は3,000万円と評価されるのであろう。はたして，この3,000万円はこの特許権の価値を正しく反映しているといえるのであろうか。答えはノーである。

　極端なたとえではあるが，この特許権を利用して製造される製品が，「すべての病気を治す夢の万能薬」だったとしよう。もしそうなら，この特許の価値は3,000万円にとどまるだろうか。誰に聞いても違うと答えるだろう。

　別の例であるが，ある人が，偶然の思い付きで便利なアイディアを生み出したとしよう。そしてこのアイディアについて実用新案権を取得し，便利グッズとして多額の売上を達成できたとしよう。ここで，このアイディアを生み出すためにかかった金額はいくらだろうか。答えはゼロである。偶然の思い付きなのだから，何ら研究開発費はかかっていないからである。ということは，コスト・アプローチを適用すれば，この実用新案権の価値はゼロとなる。この説明に納得できる者はいないであろう。

　このように，自己創設知的財産にコスト・アプローチを適用することはできない，あるいは少なくとも適用しても意味がないといえよう。

（2） マーケット・アプローチ

　マーケット・アプローチとは，類似する商製品の市場における取引価額をもって，資産の金額を決定するアプローチである。活発な市場が存在するな

ら，このアプローチがもっとも素直で自然であろう。たとえば，新製品として500mlのペットボトルのお茶を販売しようとするケースで考えてみよう。500mlのペットボトルのお茶については，すでに数多くの類似する商製品が販売されている。伊藤園のホームページによれば，主力商品の「お～いお茶」の売上は，販売開始から累計300億本を超えているそうである。すなわち，活発な市場が存在する。そして，そこでの価格は，自動販売機，コンビニ，スーパー，ディスカウントストアなど，どこで買うかによって若干の違いはあるものの，おおむね150円前後というのが誰もが考えるところではないだろうか。したがって，新製品としてこれから世に送り出すこのお茶に，150円という値段をつける，つまり150円で価値評価しても誰も異議は唱えないであろう。

　では，知的財産に，このマーケット・アプローチは適用可能であろうか。この問いに答えを出すためには，評価対象の知的財産につき，これと類似する知的財産に係る活発な市場が存在するのかどうかを考えてみればよい。まず，知的財産には，類似する知的財産などというものは基本的に存在しないはずである。特許権がその最たるものである。第4章でみたように，特許要件の中には，新規性および進歩性というものがあった。すなわち，新しいアイディアであり，同業者が容易に考え出せないアイディアであることが必要であったわけである。ということは，特許権には，類似するものなど存在してはいけないということになるので，マーケット・アプローチを適用する余地はないといえよう。

（3）　インカム・アプローチ

　インカム・アプローチとは，評価対象の資産が，将来に生み出すお金に着目するアプローチである。素直に考えて，資産は，役に立てば立つほど，その価値は高いといっていいだろう。ここで，「役に立つ」とは，もちろんビジネスに役立つということである。では，ビジネスに役立つとは何か。それは，お金を生み出すということであろう。

　資産が将来に生み出すお金であるが，その生み出し方は，資産の種類によっても異なるし，使い方によっても異なる。たとえば，土地であるが，これを駐車場ビジネスに利用する場合には，駐車料金という形でお金を生むことになる。店舗用の土地として利用する場合には，その店舗での売上の一部を生み出すこ

とになる。

　では，知的財産の場合はどうか。知的財産はアイディアなのであるから，アイディアを用いた場合と，用いなかった場合とを比較してみるとよい。たとえば，当社は家電メーカーだとして，これまでヘアドライヤーを製造・販売してきたとしよう。このたび，新技術の発明に成功し，これにつき特許権を取得し，さっそく自社利用の形で自社製品に応用したとしよう。この時に，従来品は年間利益が3,000万円であったところ，特許権を応用した新製品の年間利益は4,500万円であると予想されるとしよう。そうすると，両者の差額である1,500万円が，特許権によって生み出されたお金ということになる。

　実際の計算では，利益ではなく，実際の現金収入を意味するキャッシュ・フローを用いるし，これを割引計算とよばれる計算を通じて，現在価値というものに割り引く必要がある。これらの計算については以下で詳述するが，いずれにせよ，このアプローチなら，知的財産に応用できそうである。

2　複利計算（割増計算）

　ここでは，インカム・アプローチに基づいて知的財産を価値評価する技法として，割引計算を学ぶことにしよう。割引計算を正しく理解するためには，その前提として，「複利計算（割増計算）」について正しく理解しておく必要がある。以下，卑近な例を用いて説明しよう。

　本日，現金100万円を銀行に預けたとする。利息率は3％であるとする。この場合，1年後には預金残高はいくらになっているだろうか。答えは簡単である。元本の100万円に利息が3％，すなわち3万円（＝100万円×3％）ついて103万円である。では，さらにもう1年が経過すると預金残高はいくらになるだろうか。

　利息がさらに3万円ついて106万円になると考える人もいるだろう。間違えではない。このように元本の100万円に毎年3万円ずつ利息がつくと考える計算方法を「単利計算」という。しかし，ビジネスの世界では，通常このようには考えない。すなわち，1年後の残高である103万円に対して，また新たに3％の利息がつくので，利息は3.09万円（＝103万円×3％）となり，預金残高

は106.09万円（＝103万円＋3.09万円）になると考える。これを複利計算または割増計算という。

　計算をシンプルにしよう。毎期3％の利息がつくということは，毎期末の預金残高は，毎期首の残高の103％（＝100％＋3％）になるということである。今の例で5年後までの計算を図示してみると，**図表6-1**のとおりである（小数点第3位以下を切り捨てて示している）。

図表6-1	複利計算（割増計算）と貨幣の時間的価値					
	本日	1期末	2期末	3期末	4期末	5期末
預金残高	100万円	103万円	106.09万円	109.27万円	112.55万円	115.92万円

×103% ×103% ×103% ×103% ×103%

　このようにお金の価値（金額）は，銀行に預金するという，ただそれだけで時間が経つにつれて利息の分だけ増加する。このことを「貨幣の時間的価値」という。

3　割引計算

　それでは，上記の複利計算（割増計算）の考え方を応用した「割引計算」に進もう。卑近な例として，5年後に115.92万円をもらえる約束をしているとしよう。この場合，もちろん5年間待っておき，約束どおり115.92万円を受け取る手もあるだろう。しかし，5年も待たずに本日受け取ってしまう手もある。ただし，その場合，金額は115.92万円ではない。あるいは，115.92万円である必要はない。結論を先にいえば，本日受け取ってしまうなら，100万円でよい。なぜなら，100万円をすぐ銀行に預けてしまえば，5年後には115.92万円へと増えるからである。わかりづらかったら，複利計算（割増計算）の箇所で示した図をもう一度確認してみよう。

　このように，5年後に115.92万円もらえる約束は，本日100万円受け取ることと，価値は同じである。この場合の本日の100万円のことを「現在価値また

は「割引現在価値」という。これもシンプルな計算式と図で示すことにしよう（**図表 6-2**）。

| 図表 6-2 | 割引計算と現在価値 | | | | | |

	本日 （現在価値）	1 期末	2 期末	3 期末	4 期末	5 期末
預金残高	100万円	103万円	106.09万円	109.27万円	112.55万円	115.92万円

÷103%　÷103%　÷103%　÷103%　÷103%

4　資産価値評価手法としての割引計算

たとえば，ある土地を利用して駐車場経営を行うケースを考えてみよう。この土地のビジネス上の価値は，駐車場経営の結果どれだけのお金を生み出すかにかかっているといえよう。駐車場経営など，ビジネスによって生み出されるお金のことを「将来キャッシュ・フロー」という。たとえば，駐車場経営によって毎年末に250万円の収入があり，同様に毎年末に人件費支出が150万円あるとしよう。この場合，将来キャッシュ・フローは100万円（＝収入250万円−支出150万円）になる。

さらに条件を追加して，この駐車場経営は5年継続し，最終年度末にこの土地を300万円で売却するものとしよう。この場合，この土地が生み出す将来キャッシュ・フローは，**図表 6-3**のようになる。

| 図表 6-3 | 将来キャッシュ・フローの見積りの例 | | | | |

	1 期末	2 期末	3 期末	4 期末	5 期末
将来キャッシュ・フロー	100万円	100万円	100万円	100万円	400万円

最終5期は，毎期と同様の100万円に加えて，土地の売却収入300万円が加わるので将来キャッシュ・フローが400万円になることに注意が必要である。さ

て，各期のキャッシュ・フローは，現在からみると将来の金額である。した
がって，これを現在価値に直すには，すでに学んだ割引計算を行う必要がある。
利子率は3％としよう。1期末の100万円は1年後の数字であるから，これを
現在価値にするなら103％で1回割ることになる。2期末の100万円は103％で
2回割ることになり，以下，3期以降も同様である。この計算は**図表6-4**の
ように図示することができる。

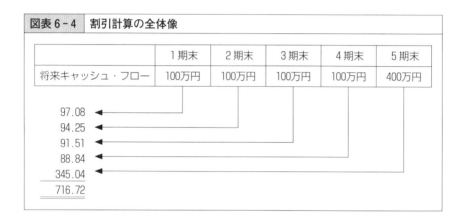

図表6-4 割引計算の全体像

	1期末	2期末	3期末	4期末	5期末
将来キャッシュ・フロー	100万円	100万円	100万円	100万円	400万円

```
         97.08
         94.25
         91.51
         88.84
        345.04
        716.72
```

　最後に，各年のキャッシュ・フローの現在価値を合計した716.72万円がこの
土地の現在価値になる。このように，現在価値を求めることは，資産に価格を
つけることを意味するので，資産価値評価手法としてこれを用いることができ
るのである。

5　現価係数表の利用

　現在価値の計算方法は以上のとおりであるが，計算そのものについては，年
数が長くなればなるほど煩雑になるし，小数をどこで切るかなど面倒な判断も
多くなる。そういうこともあってか，世の中には「現価係数表」という便利
なものがある。たとえば，10年後に10,000円がもらえるプロジェクトがあり，
その現在価値を計算してみよう。利子率は3％とする。この場合，手計算では
10,000円を103％で10回割ることになり，答えは7,440.9391…円となる。難し

いわけではないが，実に煩雑な計算である。

　図表6-5が現価係数表である。今回は利子率が3％で期間が10年なので，該当箇所の数字を拾い出してみてほしい（網掛け）。そこには，「0.744094」とある。この数字をキャッシュ・フローである10,000円に掛けてみよう。そうすると一発で，7,440.94円という答えがでる。手計算の結果と同じである（小数点第3位を四捨五入）。

図表6-5　現価係数表

		利子率（割引率）				
		1％	2％	3％	4％	5％
期間	1年	0.990099	0.980392	0.970874	0.961538	0.952381
	2年	0.980296	0.961169	0.942596	0.924556	0.907029
	3年	0.97059	0.942322	0.915142	0.888996	0.863838
	4年	0.96098	0.923845	0.888487	0.854804	0.822702
	5年	0.951466	0.905731	0.862609	0.821927	0.783526
	6年	0.942045	0.887971	0.837484	0.790315	0.746215
	7年	0.932718	0.87056	0.813092	0.759918	0.710681
	8年	0.923483	0.85349	0.789409	0.73069	0.676839
	9年	0.91434	0.836755	0.766417	0.702587	0.644609
	10年	0.905287	0.820348	0.744094	0.675564	0.613913
	11年	0.896324	0.804263	0.722421	0.649581	0.584679
	12年	0.887449	0.788493	0.70138	0.624597	0.556837

　キャッシュ・フローの中には，同額のものが毎期もたらされるものも少なくない。たとえば次の**図表6-6**のケースなどである。利子率は3％とする。

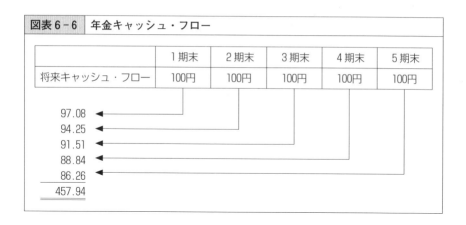

図表6-6　年金キャッシュ・フロー

	1期末	2期末	3期末	4期末	5期末
将来キャッシュ・フロー	100円	100円	100円	100円	100円

97.08
94.25
91.51
88.84
86.26
457.94

　このケースでの100円のことを「年金」といい，このように毎期同額ずつ生じるキャッシュ・フローのことを「年金キャッシュ・フロー」という。手計算はすでに述べたとおり，毎期の100円を103％で年数の分だけ割っていき，最後にそれらを合計するというものである。しかし，これもまた煩雑極まりないといえる。そこで，ここでは，「年金現価係数表」というものを利用する。**図表6-7**から，5年で3％の欄をみつけ，数字を拾い出してみよう（網掛け）。

図表6-7　年金現価係数表

		利子率（割引率）				
		1％	2％	3％	4％	5％
期間	1年	0.990	0.980	0.971	0.962	0.952
	2年	1.970	1.942	1.913	1.886	1.859
	3年	2.941	2.884	2.829	2.775	2.723
	4年	3.902	3.808	3.717	3.630	3.546
	5年	4.853	4.713	4.580	4.452	4.329
	6年	5.795	5.601	5.417	5.242	5.076
	7年	6.728	6.472	6.230	6.002	5.786

　拾い出した4.580という係数を，年金の額である100に掛けると，一発で458円という数字がでる。確認してみると，これは手計算で算出した457.94円につ

き小数点第1位を四捨五入した数字であり，要するに全く同じ数字をいとも簡単に算出できたということである。便利なものであるし，簿記検定その他試験でもよく使われるものなので，ぜひ早いうちに使い方をマスターしよう。

6　補論：伝統的アプローチと期待キャッシュ・フロー・アプローチ

　以上みてきたように，インカム・アプローチを適用するためには，将来キャッシュ・フローを見積もるとともに，これに割引率を適用して現在価値を求める必要がある。

　将来キャッシュ・フローの見積りに関しては，単一の数値として見積もる方法と，複数のシナリオの期待値として求める方法の2つがある（詳しくは，FASBの概念フレームワーク第7号を参照）。次の**図表6-8**をみてみよう。

　図表の中に，「最頻値」および「期待値」という用語がある。ここで，最頻値とは，考えられるシナリオの中で最も発生の可能性の高い数値を見積値として採用した場合の数値のことである。シナリオとは，考えられる予測である。図表では，各年に2つずつのシナリオがある。1年目についていえば，キャッシュ・フローが1,000ではないかというシナリオが70%の確率で存在し，600ではないかというシナリオが30%の確率で存在するというのである。この2つのシナリオのうち，可能性が高いのは70%である1,000である。したがって，1,000が最頻値となる。

図表6-8	伝統的アプローチと期待キャッシュ・フロー・アプローチ				
	1年目	2年目	3年目	4年目	5年目
キャッシュ・フロー	1,000(70%) 600(30%)	1,000(60%) 500(40%)	1,000(80%) 700(20%)	1,000(45%) 200(55%)	1,000(30%) 700(70%)
最頻値	1,000	1,000	1,000	200	700
期待値	880	800	940	560	790

　これに対して期待値とは，すべてのシナリオの数値に，それぞれの発生確率

を掛け合わせることによって単一の数値として表そうとするものである。1年目でいえば，1,000というシナリオに70%を掛けて700を，600というシナリオに30%を掛けて180を算定し，これを合算して880という数値を算定する。この880が期待値である。

そして，現在価値を計算する際に，キャッシュ・フローとして最頻値をとる方法を「伝統的アプローチ」といい，期待値をとる方法を「期待キャッシュ・フロー・アプローチ」という。

どちらのアプローチを採用するかによって，割引計算に用いる割引率も変わってくる。ここで，改めて割引率について考えてみると，割引率は利子率のことであり，その利子率とは，お金を貸したことの見返りに受け取る利息を反映したものである。利息は，きちんと返してくれそうな相手にお金を貸す場合には，低くなるはずである。逆に，きちんと返してくれるかどうか不安な相手にお金を貸す場合には，高くなるはずである。このように，相手がきちんと返してくれるかどうかの「幅」のことを「リスク」という。整理すれば，リスクが低ければ利子率（割引率）は低くなり，リスクが高ければ利子率（割引率）は高くなるという関係である。

このことを，貸したお金を返済してもらうケースをイメージしながら，**図表6-8**の数値に当てはめてみよう。最頻値には，1つのシナリオ（1年目でいえば70%の確率で1,000円返してもらえる）しか反映されていない。これに対して，期待値には2つのシナリオ（70%の確率で1,000円返してもらえ，30%の確率で600円しか返してもらえない）の両方が反映されている。これをリスクという観点からいえば，最頻値には，リスクという「幅」が反映されていないが，期待値にはリスクという「幅」が反映されているといえる。

そう考えると，最頻値を用いている伝統的アプローチのもとでは，キャッシュ・フローにリスクが反映されていないのであるから，割引率の方にリスクを加味する必要があり，逆に，期待値を用いている期待キャッシュ・フロー・アプローチのもとでは，すでに期待値にリスクが反映されていることから，割引率にはリスクを加味する必要はないということになる。そのために，期待キャッシュ・フロー・アプローチによる場合の割引率としては，長期国債の利

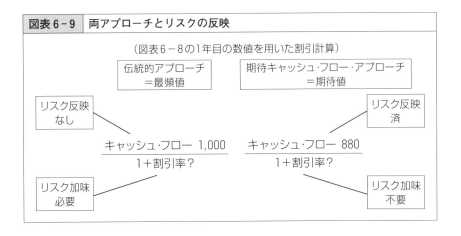

率など，リスクがない場合の利率（国債は国に対する貸付けを意味するが，国が借りた金を返さないケースはまず考えられないので，国債の利率にはリスクが含まれていない）が用いられる。かかる利率のことを，「リスク・フリー・レート」という。

練習問題・6

問1 次の(1)～(3)の資産価値評価は，何というアプローチに基づくものなのか答えな
さい。

(1) 活発な市場で400円の時価が付いているので，対象資産を400円と評価した。

(2) 対象資産は，今後5年間にわたって毎年一定額ずつお金を生み出すことが予想
されるので，これを割り引いて400円という現在価値を求め，この金額を評価額
とした。

(3) 取得するために合計で400円を支払ったので，対象資産を400円と評価した。

(1)	(2)	(3)
アプローチ	アプローチ	アプローチ

問2 本日，手許現金100円を銀行に預け入れた。利子率は年3％である。この場合，
各年の預金残高はいくらになるか。

	本日	1年後	2年後	3年後	4年後	5年後
預金残高	100					

問3 本日，5年後に115.92円を受け取る契約を締結した。この債権の現在価値を計
算するための下の図を完成させなさい。利子率は年3％である。

	本日	1年後	2年後	3年後	4年後	5年後
債権の現在価値						115.92

問4 本日，駐車場用土地の売買を行う予定であるが，この土地には信頼できる時価
が存在しない。この土地を駐車場として利用する場合，毎年100万円ずつ駐車料
金としてのキャッシュ・フローが得られると予想される。利子率は年3％である。
取引相手との間で価格交渉を行うために割引現在価値を求めなさい。

	1年後	2年後	3年後	4年後	5年後
駐車料金	100万円	100万円	100万円	100万円	100万円

問5　ある特許権が生み出す将来のキャッシュ・フローは次のとおりであると予想される。この特許権にはリスクがない。リスク・フリー・レート（無リスク利子率）は2％である。割引現在価値を求めなさい。

	1年目	2年目	3年目	4年目	5年目
キャッシュ・フロー	1,000	1,200	1,200	900	800

問6　ある特許権が生み出す将来のキャッシュ・フローは次のとおりであると予想される。この特許権にはリスクがあるので，割引率は5％とする。割引現在価値を求めなさい。

	1年目	2年目	3年目	4年目	5年目
キャッシュ・フロー	1,000	1,200	1,200	900	800

問7　ある特許権が生み出す将来のキャッシュ・フローは次のとおりであると予想される。この特許権にはリスクがあるので，割引率は5％とする。割引現在価値を求めなさい。

	1年目	2年目	3年目	4年目	5年目
キャッシュ・フロー	1,000	1,000	1,000	1,000	1,000

84

問8　ある特許権が生み出す将来のキャッシュ・フローの金額およびその発生確率は次のとおりであると予想される。この特許権にはリスクがあるので，割引率は5％とする。伝統的アプローチによるものとし，各年の最頻値を求めたうえで，割引現在価値を求めなさい。

	1年目	2年目	3年目	4年目	5年目
キャッシュ・フロー	1,000（70％） 600（30％）	1,000（60％） 500（40％）	1,000（90％） 700（10％）	1,000（45％） 200（55％）	1,000（30％） 600（70％）
最頻値					

問9　ある特許権が生み出す将来のキャッシュ・フローの金額およびその発生確率は次のとおりであると予想される。リスク・フリー・レートは2％である。期待キャッシュ・フロー・アプローチによるものとし，各年の期待値を求めたうえで，割引現在価値を求めなさい。

	1年目	2年目	3年目	4年目	5年目
キャッシュ・フロー	1,000（70％） 600（30％）	1,000（60％） 500（40％）	1,000（90％） 700（10％）	1,000（45％） 200（55％）	1,000（30％） 600（70％）
期待値					

第7章

知的財産の価値評価モデル(1)：
インターブランド社モデル

Focus

　本章からは，いよいよ知的財産に金額をつける価値評価についてみてい
くことにしたい。金額をつける計算式や考え方のことをモデルというので，
「価値評価モデル」という用語がよく使われている。もっとも，知的財産
全般を対象とする価値評価モデルが確立されているわけではないし，また，
すべての種類の知的財産について価値評価モデルが存在するわけでもない。
むしろ価値評価モデルが存在するのはごく一部の知的財産に限られるのが
現状である。それだけ知的財産の価値評価は難しいのである。
　とはいえ，いくつかのモデルはよく知られ，また実際に活用されている。
本章では，ブランドについての価値評価モデルとして有名な「インターブ
ランド社モデル」を取り上げることにしたい。

1　インターブランド社モデルの全体像

　第1章でみたように，ブランドには，(1)価格優位性，(2)ロイヤルティ（顧客
の忠誠）および(3)拡張力という，3つの力がある。インターブランド社モデル
（本モデルについては，広瀬義州『知的財産会計』税務経理協会，2006年に詳しい）
も，これらを金額で把握し，インカム・アプローチのもとで割引計算を行うこ
とによって，ブランドを価値評価しようとするものである。
　なかでも，もっとも重要なのが価格優位性である。インターブランド社モデ
ルでは，「超過利益」を算定することによって，評価対象企業が，平均的な同
業他社よりもどれだけ多くの利益をだせるのかを計算する。たとえば，当社

（ブランドのある企業）の利益が12億円であり，平均的な他社の利益が9億円である場合には，超過利益は3億円である。この3億円の中にブランドが有する価格優位性が含まれているという考え方である。

　したがって，次のプロセスは，この超過利益の中からブランドによる貢献部分を抜き出す作業になる。というのも，超過利益3億円のすべてがブランドによって生み出されたとは限らないのであり，たとえば，営業マンの優秀さや，製品の機能の良さなど，ほかの要素による部分も当然にあるからである。インターブランド社モデルでは，このブランドによって生み出された部分（ブランド貢献分）を示す指標として「ブランディング役割指数」というものを用いる。たとえば，ブランディング役割指数が66％（3分の2）だとすると，3億円の超過利益に，66％（3分の2）を掛けて，2億円がブランドによって生み出された部分（ブランド貢献分），残りの1億円をブランド以外の要素によって生み出された部分と計算するのである。

　つづいて，このブランド貢献分に対して，ロイヤルティや拡張力をはじめとするさまざまな要素を加味していくことになる。インターブランド社モデルで

図表7-1	インターブランド社モデルの全体像

(1) 超過利益の算定（平均的な他社よりどれだけ利益を出せるか？）

利　益　　12億円		超過利益　3億円
	利　益　　9億円	
当社（ブランド企業）	平均的な他社	

(2) ブランディング役割指数（超過利益のうち，どれだけがブランドの貢献分か？）

超過利益3億円

ブランド貢献分 2億円	それ以外の要素 1億円

(3) ブランド力スコア（ブランド力の大小）に応じて割引率を選択し，割引計算。

は，これらを「ブランド力スコア」という100点満点のスコアリング（採点）をすることで反映させる。どこに反映させるかというと，割引率に反映させる。たとえば，ブランド力スコアが85点だとすると 3 ％というように，あらかじめ点数毎に割り振られた割引率を適用するわけである。

　かくして割引計算を行い，単一の評価額としてのブランド価値を算定するのがインターブランド社モデルである。

　以上がインターブランド社モデルの全体像であり，これをまとめたのが**図表7-1**である。以下では，詳細な計算方法をみていくことにしよう。

2　超過利益の算定

　超過利益は，当社（ブランド企業）と平均的な他社の利益との比較によって求められる。この考え方自体は極めてシンプルであるが，実際にこれを計算しようとすると，いくつか考えなければならないことがある。すなわち，平均的な他社の利益をどう計算すればよいのか，規模の違う会社どうしをどう比較すればよいのかなどの点である。

　たとえば，当社（A社とする）の利益が12億円であり，業界の中位にあるB社の利益が 1 億円であったとしても，もし，B社が当社（A社）よりもはるかに規模の小さい会社であるならば，単純に12億円と 1 億円を比較しても意味がないであろう。この点をクリアすべく，インターブランド社モデルは，平均的な他社の利益を，自社の利益を修正する形で求めようとしている。

（1）　自社利益の算定

　では，その自社利益であるが，これもいきなり将来利益を予想するのではなく，売上高から予想する方法によっている。ここで，当社の予想売上高は100億円であり，当社の営業利益率は20％であり，税率は40％であるとしよう。この場合，予想売上高に営業利益率を掛けることで，営業利益は20億円（売上高100億円×20％）となる。さらにそこから40％の税金が引かれるので，税引後利益は12億円（営業利益20億円－税金（20億円×40％））となる。

（2） 他社利益の推定

　では，この自社利益12億円と比較する他社利益であるが，これを求めるために，「投下資本」というものと，「資本コスト」というものが利用される。ここで，投下資本とは，業界平均の原価率のことである。たとえば，当社が属する業界は，家具の製造業であるとしよう。そして，この業界の投下資本（平均原価率）は90％だとしよう。この場合，もし当社が平均的な会社であったなら，原価は90億円（売上高100億円×投下資本90％）かかったであろうと推定できるわけである。

　資本コストとは，原価に対する業界の平均利益率のことである。たとえば，資本コストが10％であるとすると，原価が90億円なのであるから，利益は9億円（原価90億円×資本コスト10％）であろうと推定できるわけである。

　さて，ここまでの計算は，すべて当社（自社）の数値からスタートしているが，結果的には他社の利益を推定できていることに気づいただろうか。すなわち，計算は当社（自社）の売上高100億円からスタートしているものの，これに投下資本90％を掛けた段階で，計算される原価（90億円）は業界平均値に変わるのである。そして，この90億円に資本コスト10％を掛けて求められる利益9億円もやはり業界平均値である。その証拠に，当社（自社）の利益は12億円であって，9億円ではなかったはずである。

　いいかたを変えると，この計算は，①平均的な他社が，当社（自社）と同じ

図表7-2　超過利益の算定

① 投下資本により，平均原価を計算（当社売上高×平均投下資本（原価）率）
　　　　　　100億円×90％＝90億円

> よって，平均的な他社が，仮に当社と同じ売上高100億円なら，原価は90億円のはず。

② 資本コスト（原価に対する平均利益率）10％をかけて他社利益を計算
　　　　　　90億円×10％＝9億円

> 結果：当社利益12億円－他社利益9億円＝超過利益3億円

売上高100億円の会社であるならば，原価は90億円であるはずであり，②原価90億円なのであれば，利益は9億円であるはずである，という考え方に基づいているのである。

　かくして当社（自社）利益12億円と，今求めた平均的な他社の利益9億円を比較して，超過利益3億円を求めるのである。

3　ブランディング役割指数

　超過利益が3億円と計算できたが，すでに述べたように，この3億円のすべてがブランドによって生み出されているわけではない。そこで，ブランドが生み出した部分（これを「ブランド貢献分」という）を特定する必要がある。その際に，インターブランド社が用いているのが，「ブランディング役割指数」というものである。これは，製品カテゴリーごとに百分率であらかじめ決められている。たとえば，香水は95％，アパレルは85％，白物家電（冷蔵庫や洗濯機）は55％であるという。この意味は，香水であれば，顧客の95％はブランドを理由に（そのブランドが好きだからという理由で）香水を選んでいるということである。逆にいえば，香り，値段，つけやすさなどの要素を理由に購入した顧客は5％ということである。であれば，香水によって生み出される超過利益3億円のうち，2.85億円（＝3億円×95％）がブランド貢献分であると考えることができるのである。

4　ブランド力スコア

　第1章では，ブランドの力として，ロイヤルティ（忠誠）と拡張力という説明をしたが，インターブランド社は，これらをさらに細分化して，市場性10点，安定性15点，リーダーシップ25点，トレンド10点，サポート性10点，展開性25点，法的保護性5点というように，計7項目を100点満点で採点（スコアリング）する形で反映させようとするものである。

　図表7-3は，ブランド力スコアの7項目の意味と，スコア分布を割引率に換算するための表をまとめたものである。もっとも，スコア分布を割引率に換

図表7-3	ブランド力スコア

7項目の意味		スコア分布を割引率に換算	
市場性(10点)	シェアが安定し，新規参入もない。	スコア分布	割引率
安定性(15点)	長い時間をかけて確立された顧客の支持がある。	100点～90点	2％
		89点～80点	3％
リーダーシップ(25点)	高いシェアを背景に価格をリードできる。	79点～70点	4％
		69点～60点	5％
トレンド(10点)	将来に向けた確たるポジショニング	59点～50点	6％
		49点～40点	7％
サポート性(10点)	資金的な協力を得られる。	39点～30点	8％
展開性(25点)	市場を拡大できる能力がある。	29点～20点	9％
		19点～10点	10％
法的保護性(5点)	商標権等で保護されている。	9点～0点	11％

算する式は公表されていないので，上記はあくまでも仮の数字である。ここで，仮に当社のブランド価値が75点と採点されたとすると，割引率は4％となる。

　それでは，ここで全体のプロセスを，次の設例を用いて改めて確認してみよう。

　まず，超過利益の算定であるが，そのためには，当社の利益と平均的な他社の利益をそれぞれ計算する。当社の利益は，予想売上高に営業利益率を掛けることで営業利益を計算し，そこから税金を引けばいいので，**図表7-4**の(1)式および(2)式の計算により12億円と求められる。

　次に，他社の利益であるが，まずは，当社の予想売上高100億円に，家具製造業の投下資本90％を掛けることによって，仮に平均的な他社が当社と同じ100億円の売上規模だった場合の売上原価を計算する。すなわち，(3)式によって90億円と求められる。

　さらに，この売上原価90億円に資本コストを掛けることによって，平均的な他社が90億円の原価をかけた場合の利益を計算する。すなわち，(4)式によって9億円と求められる。

　かくして，超過利益は，自社の利益12億円から他社の利益9億円を引いて，3億円と計算することができる（(5)式）。

　次に，この超過利益3億円にブランディング役割指数60％を掛けることに

図表 7 - 4	インターブランド社モデルによるブランド価値評価

　当社は，家具製造業を営んでいる。当社の予想売上高は100億円であり，当社の予想営業利益率は20％，税率は40％である。家具製造業の投下資本は90％，資本コストは10％である。家具製造業におけるブランディング役割指数は60％である。また，当社のブランド力スコアは75点（割引率に換算すると 4 ％）と採点された。当社は，今後 5 年間このブランドを用いて家具の製造販売を行う予定である。

(1)式　当社の営業利益＝予想売上高100億円×予想営業利益率20％＝20億円
(2)式　当社の利益＝当社の営業利益20億円－税金（営業利益20億円×40％）＝12億円
(3)式　平均的な他社の売上原価＝当社予想売上高100億円×90％＝90億円
(4)式　平均的な他社の利益＝平均的な他社の売上原価90億円×資本コスト10％＝ 9 億円
(5)式　超過利益＝当社の利益12億円－平均的な他社の利益 9 億円＝ 3 億円
(6)式　ブランド貢献分＝超過利益 3 億円×ブランディング役割指数60％＝1.8億円
(7)式　割引計算＝ブランド力スコアにより 4 ％で割引計算

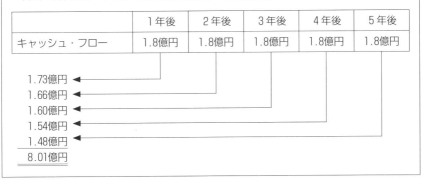

	1 年後	2 年後	3 年後	4 年後	5 年後
キャッシュ・フロー	1.8億円	1.8億円	1.8億円	1.8億円	1.8億円

1.73億円
1.66億円
1.60億円
1.54億円
1.48億円
8.01億円

　よってブランド貢献分を1.8億円と計算する（(6)式）。さらに，この1.8億円が今後 5 年間継続するものとし，これをブランド力スコアによって得られる割引率 4 ％で割り引く。すなわち，(7)式の結果，8.01億円というブランド価値を算定することができる。

5　インターブランド社モデルの特徴

　以上みてきたように，インターブランド社モデルは，ブランドに関するさまざまな側面を加味して価値評価を行うことのできる大変優れたモデルである。事実，インターブランド社は，このモデルを用いて世界的にブランド・コンサ

ルティング・ビジネスを展開している。

　インターブランド社モデルの特徴は，何といっても，世界的なコンサルティング会社として積み重ねてきたノウ・ハウやデータが遺憾（いかん）なく発揮されている点にあるものと思われる。たとえば，業種または製品カテゴリーごとの投下資本や資本コストなどは，膨大な企業データを収集・分析できる能力をもつ同社だからこそ得られるものであるし，ブランディング役割指数やブランド力スコアなどは，コンサルティング業務の経験を蓄積してきた同社ならでは知り得ることのできるものである。

　しかもこれらの項目や数値には，大変リアルな感覚が盛り込まれるはずである。特にブランド力スコアで採点対象になっている，サポート性やトレンド，リーダーシップ性などは，現場で事情に深く精通したコンサルタントだからこそ採点できるのであろう。その意味で，インターブランド社モデルには極めてリアルな視点が盛り込まれているといってよい。

練習問題・7

問　次の資料に基づいて，インターブランド社モデルによるブランド価値評価額を求めなさい。

(1)　当社の香水のブランド価値を評価する。
(2)　対象となる香水は，今後5年間販売するものとする。
(3)　当期の香水の売上高は，2,000である。この香水については，過去5年間で5％ずつ売上が増加してきた実績があり，今後も5％ずつ成長するものと予想される。
(4)　売上高営業利益率は15％とする。
(5)　税率は40％である。
(6)　投下資本は，売上高の80％である。
(7)　資本コストは，投下資本の5％である。
(8)　計算の途中で出た端数については，小数点以下を切り捨てる。

STEP1　推定超過利益の算定

	1年後	2年後	3年後	4年後	5年後
予測売上高					
営業利益					
税引後利益					
他社平均利益					
推定超過利益					

STEP 2　キャッシュ・フローの計算

　香水のブランディング役割指数は95である。

	1 年後	2 年後	3 年後	4 年後	5 年後
推定超過利益					
ブランディング役割指数					
キャッシュ・フロー					

STEP 3　割引計算によりブランド価値評価額を算定

　ブランド力スコアと割引率の関係は，次のとおりとする。

スコア分布	割引率	スコア分布	割引率
100点～90点	2 %	49点～40点	7 %
89点～80点	3 %	39点～30点	8 %
79点～70点	4 %	29点～20点	9 %
69点～60点	5 %	19点～10点	10%
59点～50点	6 %	9 点～ 0 点	11%

　この香水のブランド力スコアは73点であった。

	1 年後	2 年後	3 年後	4 年後	5 年後
キャッシュ・フロー					

第8章

知的財産の価値評価モデル⑵：
経済産業省モデル

Focus

　経済産業省モデルも，ブランドに関する価値評価モデルである。この経済産業省モデルには，インターブランド社モデルとは大きく異なる特徴がある。それは，会計上のモデルであり，したがって公認会計士監査にも耐えうるような客観的なデータのみを用いてブランド価値を計算しようとする点である。

　経済産業省モデルは，ブランドの3つの力である，価格優位性，ロイヤルティ（忠誠）および拡張力を，ドライバーという構成要素でとらえようとするものである。以下，価値を生み出す原動力であるドライバーごとに計算プロセスをみていこう。

1　プレステージ・ドライバー

（1）　価格優位性（超過利益）の算定

　プレステージ・ドライバーは，ブランドがもつ価格優位性をとらえようとするものである（本モデルについては，広瀬義州・吉見宏『日本発ブランド価値評価モデル』税務経理協会，2003年などで詳しく解説されている）。価格優位性をとらえるためには，評価対象となる企業（「当社」とする）が，他社よりもブランドによって多く稼げる部分を計算する必要がある。ここで，どのような会社を「他社」とみなすかであるが，インターブランド社モデルでは，「業界内の平均的な会社」を他社とみなしていた。これに対して，経済産業省モデルでは，

「業界内でもっとも利益率の低い会社」を他社であるとみなし，これを「基準企業」とよんでいる。

　このように，当社と基準企業の利益を比較する訳であるが，規模の違いがあるので，直接に比較することはできない。そこで規模をそろえたうえで比較しなければならないのであるが，どのようにすれば規模をそろえられるのであろうか。この点につき，経済産業省モデルは，「もし基準企業が当社と同じ原価であったなら，いくらの利益を出せたのか」を計算する方法によっている。少しわかりにくいと思うので，**図表8-1**をみてほしい。

　まず，当社の利益1,000万円と基準企業の利益2,000万円を比較しても意味がない。基準企業の方が，規模が大きいからである。そこで規模をそろえたいわけであるが，どうすれば規模がそろうのかがここでの問題である。結論としては，原価をそろえればよいということになる（基準企業の修正）。なぜなら，会社の規模は原価にあらわれるからである。もちろん，売上にも規模はあらわれるであろうが，売上には，売価の変動や一過性のブームによる数量の増加などさまざまな要因が反映されるので，原価の方がここでの目的にふさわしいと考えられるのである。

　では，具体的にどのように規模をそろえるかであるが，まず，当社の原価が5,000万円なのであるから，基準企業の原価も5,000万円であると仮定する。次に，当社は原価の1.2倍の売上を達成していることを把握する。すなわち，「売上6,000万円÷原価5,000万円＝1.2倍」という計算である。

　基準企業についても同様に計算する。すなわち，「売上22,000万円÷原価20,000万円＝1.1倍」である。ということは，基準企業には原価の1.1倍の売上を達成する力があるということになるから，仮に原価が当社と同じ5,000万円であった場合には，その1.1倍である5,500万円の売上を達成したはずということになる。これが原価をベースに規模をそろえるという意味である。この結果，「売上5,500万円－原価5,000万円」により，基準企業の利益は500万円ということになる。これを当社の利益1,000万円と比べることで，価格優位性（超過利益）を500万円と計算するのである。

　さて，実際にこの計算を行うためには，業界内のすべての企業について売上や原価に関する情報を集め，そのうえで原価をそろえる作業を行わなくてはな

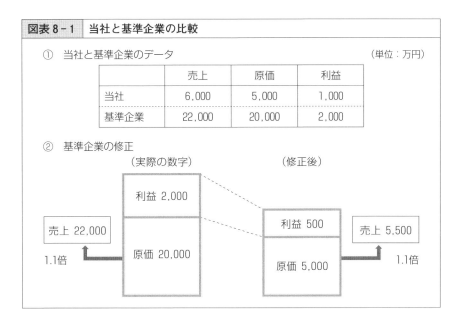

らないが，これは大変な作業である。そこで，経済産業省モデルでは，業界各社の「売上原価倍率」を求めることにしている。売上原価倍率とは，「売上÷原価」によって求められる倍率である。この売上原価倍率が低い企業は利益率も低いということであるから，結局，売上原価倍率が最低の企業を基準企業として選定することができる。

　基準企業が決まったら，「(当社売上原価倍率－基準企業売上原価倍率)×当社売上原価」という式に数字を当てはめる。そうすると，当社がもつ価格優位性（超過利益）を一発で計算することができる。**図表8-1**でいえば，「(当社売上原価倍率1.2－基準企業売上原価倍率1.1)×当社売上原価5,000万円」という計算により，先に図を使って計算したのと同じ500万円という価格優位性（超過利益）を算定することができるのである。

（2）　ブランド起因利益の算定

　価格優位性（超過利益）の中には，ブランドが生み出した部分とブランド以外の要素が生み出した部分の両方が含まれている。ブランドが生み出した部分を「ブランド起因利益」といい，これを抜き出す必要がある。経済産業省モデ

98

ルでは，営業費用に占めるブランド管理費用の割合を価格優位性（超過利益）に掛けることで，ブランド起因利益を求めることにしている。

　ここで，「ブランド管理費用」とは，ブランドを生み出し，これを維持するために費やした費用のことであり，具体的には，広告宣伝費，アフターサービス費用，顧客との良好な関係を築くための費用（顧客リレーションシップ），ブランドを管理する部門の人件費などが含まれる。「営業費用」とは，損益計算書に計上されている「売上原価」と「販売費及び一般管理費」の合計のことである。

　売上原価は，商製品の仕入値または製造原価のことであり，販売費及び一般管理費は，人件費，光熱費，減価償却費，研究開発費およびブランド管理費用などのことであり，両者を合計することは，結局は，その会社の営業に関するあらゆる費用を計算することを意味する。であれば，営業費用に占めるブランド管理費用の割合というのは，その会社のあらゆる営業努力に占めるブランドを管理する努力の割合ということになり，これを価格優位性（超過利益）に掛ければ，ブランド起因利益を計算できるというわけである。

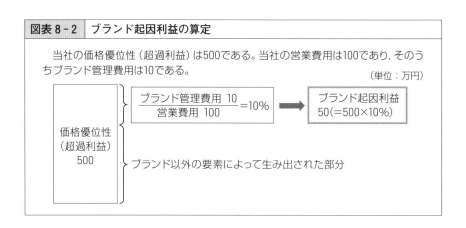

図表 8 - 2　ブランド起因利益の算定

当社の価格優位性（超過利益）は500である。当社の営業費用は100であり，そのうちブランド管理費用は10である。

（単位：万円）

価格優位性（超過利益）500

$\dfrac{\text{ブランド管理費用 10}}{\text{営業費用 100}}=10\%$　→　ブランド起因利益 50(=500×10%)

ブランド以外の要素によって生み出された部分

　なお，ブランド管理費用という用語は，会計基準上で用いられている用語ではなく，販売費及び一般管理費の中からブランドに関連する費用を選び出して合計するために経済産業省モデルが考え出した用語である。考え方としては大変すばらしいのであるが，実際に適用しようとすると，何をどこまでブランド

管理費用に含めればよいかをめぐって迷いを生じさせることになる。このことから、実際の計算では、ブランド管理費用に代えて広告宣伝費を利用してもよいとされている。本書でも、以下、広告宣伝費をブランド管理費用と読み替え、広告宣伝費が営業費用に占める割合（これを「広告宣伝費率」という）を用いることにする。

　以上述べてきたことをまとめて1つの式にすると、プレステージ・ドライバーが完成する。すなわち、「（当社売上原価倍率－基準企業売上原価倍率）×広告宣伝費率×当社売上原価」という式である。このうち、「（当社売上原価倍率－基準企業売上原価倍率）×広告宣伝費率」の部分は、短期的な変動の影響を取り除くために、直近5年間の平均を用いることにしている。以下、**図表8-3**を用いて、プレステージ・ドライバーの全体を確認してみよう。

図表8-3	**プレステージ・ドライバー**

　当社の売上原価倍率、基準企業の売上原価倍率、当社の広告宣伝比率、当社の売上原価は次のとおりであった。当社のブランドによるキャッシュ・フローを求めよ。

	4年前	3年前	2年前	1年前	当期
当社売上原価倍率	2.5	2.4	2.8	3.2	2.3
基準企業売上原価倍率	1.4	1.4	1.6	1.7	1.3
当社広告宣伝費率	10%	13%	20%	12%	17%

　当社の当期の売上原価は、6,000であった。　　　　　　　　（単位：万円）

　上記の式に**図表8-3**の数値を当てはめてみよう。まずは、当社売上原価倍率から基準企業売上原価倍率を引くと、

（当社売上原価倍率－基準企業売上原価倍率）	4年前	3年前	2年前	1年前	当期
	1.1	1.0	1.2	1.5	1.0

という数字が得られ、これに各年の広告宣伝費率を乗じると、

	4年前	3年前	2年前	1年前	当期
上記×広告宣伝費率	0.11	0.13	0.24	0.18	0.17

となる。これを5期平均すると、0.166となる。これに、当社の当期売上原価

6,000万円を掛ければ，プレステージ・ドライバーが996万円と算定される。

2 ロイヤルティ・ドライバー

　経済産業省モデルでは，ついで顧客の忠誠を意味するロイヤルティの算定を行う。第1章でみたように，ロイヤルティ（忠誠）とは，お客さんが一度そのブランドを好きになってくれると，お客さんの方から進んで当該ブランドの製品を多く買ってくれるようになる力である。この力を何で測るかであるが，経済産業省モデルは，「売上原価の安定性」で測るとしている。その理由は，お客さんがそのブランドに忠誠を示している，すなわちそのブランドが好きになっているということは，安定してそのブランドを付した製品は売れるはずであり，そうであるならばその会社の売上原価は安定するはずだからである。

　では，この売上原価の安定性をどう測るかであるが，経済産業省モデルはここに「標準偏差」の考え方を応用している。標準偏差とは，あるたくさんの数値の，ばらつき具合をいう。売上原価でいえば，毎期の売上原価が大きく上下する場合には，標準偏差は高くなり，逆にほぼ上下がなく安定している場合には，標準偏差は低くなる。具体的な計算については，次の**図表8-4**の設例でみてみよう。

図表8-4	売上原価の安定性（標準偏差）				
当社の直近5年間の売上原価の推移は，次のとおりである。					（単位：万円）
	4年前	3年前	2年前	1年前	当期
売上原価	6,000	6,100	5,900	5,800	6,000

　標準偏差を求めるには，まずこの5年間の売上原価の平均を求める必要がある。計算すると，5,960万円である。次に，各年の数値が，いま計算した平均とどれだけ乖離しているのかをみる。乖離とは，離れている，つまり差額という意味である。4年前を例にとると，「4年前の6,000万円－平均5,960万円」により，乖離は40万円と計算される。

（単位：万円）

	4 年前	3 年前	2 年前	1 年前	当期
平均との乖離	40	140	△60	△160	40

　このように乖離はプラスにもマイナスにもなる。そこで，マイナスの影響を排除するために，各期の数値を 2 乗する。4 年前を例にとると「40万円×40万円＝1,600万円」である。このように，1 つの数字を掛け合わせることを 2 乗という。

（単位：万円）

	4 年前	3 年前	2 年前	1 年前	当期
乖離を 2 乗する	1,600	19,600	3,600	25,600	1,600

　次に，ここで求めた各年の数字を平均することによって「分散」を求める。すなわち，10,400万円である。最後に，分散の平方根を求めたものが標準偏差である。平方根は，電卓に数字10,400万円を入力し，「$\sqrt{}$」のボタンを押すことで求めることができる。本設例では，小数点以下を切り捨てて101となる。

図表 8 - 5	ロイヤルティ・ドライバー

$$LD = \frac{売上原価 5 期平均5,960 - 売上原価標準偏差101}{売上原価 5 期平均5,960}$$
（単位：万円）

　かくして求めた標準偏差を**図表 8 - 5**の数式に当てはめると，ロイヤルティ・ドライバーとなる。本設例では，売上原価 5 期平均が5,960万円であり，標準偏差が101であるから，計算すると，0.98となる（小数点第 3 位以下切り捨て）。

　ロイヤルティ・ドライバーの数字であるが，これには，プレステージ・ドライバーで計算された金額（「絶対値」という）を修正するための「指数」としての意味がある。指数というのは，ここでは絶対値であるプレステージ・ドライバーの金額を 0 から 1 の間（ 0 ％から100％の間と考えてもよい）の数字で修正するための数字という意味である。ロイヤルティ（忠誠）が高ければ高いほど，そのブランドは強いわけであるから，ロイヤルティ・ドライバーも 1 に近くなる。極端な例ではあるが，ロイヤルティが最強であるケースは，過去 5 年間に

売上原価が1円も変動せず，したがって標準偏差がゼロのケースである。標準偏差ゼロを**図表8-5**の式に入れてみよう。ロイヤルティ・ドライバーは1になるはずである。

3 エクスパンション・ドライバー

経済産業省モデルが対象とする最後のブランドの力は，「拡張力」である。すなわち，ブランドを利用して，異業種に進出したり，海外市場に進出したりできる力である。経済産業省モデルは，これらを，直近3年間における「非本業(ひほん)セグメント売上高の増加率の平均(うりあげだか ぞうかりつ へいきん)」および「海外売上高の増加率の平均(かいがいうりあげだか ぞうかりつ へいきん)」を算出し，この両者の平均として把握することにしている。

まず非本業セグメントという用語についてであるが，セグメントとは事業の種類のことを意味するビジネス用語である。たとえば，トヨタ自動車には，「自動車」，「金融」および「その他」の3つの事業の種類，すなわちセグメントがある。トヨタ自動車の本業はいうまでもなく自動車である。ということは，金融およびその他の2つのセグメントは非本業セグメントということになる。この非本業セグメントの売上高が直近3年間で上昇傾向にあるということは，ブランドを活かして本業以外の業種に進出できる力が強いと判断できるのである。

また，所在地別セグメント情報というものがあり，そこでは販売地域ごとの売上が開示されている。日本以外の地域での売上高が直近3年間に上昇傾向にあるならば，ブランド力を活かして海外市場に進出できる力が強いと判断するのである。

では，具体的な計算を，**図表8-6**の設例で確認してみよう。

図表8-6	エクスパンション・ドライバー

当社の非本業セグメント売上高および海外売上高の推移は，次のとおりである。

(単位：万円)

	2年前	1年前	当期
非本業セグメント売上高	800	800	900
海外売上高	8,000	9,000	9,500

　まず，非本業セグメント売上高は，2年前から1年前にかけて変化がない。すなわち，増加率は0％である。1年前から当期にかけては12.5％増加している。ちなみに，この12.5％という増加率を出す計算式は，

$$\frac{当期売上高900万円-1年前売上高800万円}{1年前売上高800万円}\times100$$

である。したがって，この間の増加率の平均は，6.25％（＝（0％＋12.5％）÷2）となる。海外売上高についても同様に，2年前から1年前にかけて12.5％の増加，1年前から当期にかけて5.5％の増加と計算し，その平均として9％という増加率を計算する。

　そのうえで，非本業セグメント売上高増加率6.25％と，海外売上高成長率9％の平均として，7.625％という増加率を計算する。

　最後に，この増加率をエクスパンション・ドライバーとしてどのように表すかであるが，経済産業省モデルでは，これも指数として表すことにしている。すなわち，7.625％増加するということは，絶対値が107.625％へと変化（増加）することを意味する。したがって，これを数字として1.07625と表す。

4　ブランド価値の計算

　ここまでで，経済産業省モデルの3つのドライバーをそれぞれ計算することができた。このうち，プレステージ・ドライバーは絶対値であり，ロイヤルティ・ドライバーとエクスパンション・ドライバーは指数であった。そこで，これら3つを掛け合わせることによって「指数によって修正済みの絶対値」としての金額を算定することができる。これが，経済産業省モデルが算出するブランド・キャッシュ・フローである。最後に，このブランド・キャッシュ・フローが永久に続くものとみなして，これをリスク・フリー・レートで割り引くと，ブランド価値評価額を算定できる。

　ここで，ブランド・キャッシュ・フローが永久に続くとみなす理由は，ブランドは，何かこれを毀損するような出来事が生じない限り，特にその価値が失われるものではないからである。また，リスク・フリー・レートで割り引く理

由は，すでに3つのドライバーを計算する過程で，ブランドに関するリスクを考慮にいれたので，割引率はリスク・フリー・レートで差し支えないという考え方によるからである。すなわち，第6章でみた，期待キャッシュ・フロー・アプローチを採用しているわけである。

　永久に続くキャッシュ・フローの割引計算は，キャッシュ・フローを単純に割引率で割ればよい。拍子抜けするような簡単な計算であるが，どうしてこうなるかを理解するには，少々複雑な数学的理解が必要である。「永久に続くキャッシュ・フローの割引」などのキーワードでインターネット検索をすると，これを説明するサイトがたくさんあるので，チャレンジする人は検索してみよう。

　以上，本章の設例でみてきた数値を経済産業省モデルに投入すると，次の**図表8-7**のようにブランド価値評価額を得ることができる。リスク・フリー・レートは2％とする。

図表8-7	経済産業省モデルによるブランド価値評価額

ブランド・キャッシュ・フロー
　＝プレステージ・ドライバー(996万円)×ロイヤルティ・ドライバー(0.98)
　　×エクスパンション・ドライバー(1.07625)
　＝1,051万円(小数点以下四捨五入)

ブランド価値評価額＝ブランド・キャッシュ・フロー1,051万円÷2％
　　　　　　　　　＝52,550万円

5　経済産業省モデルの特徴

　経済産業省モデルには，インターブランド社モデルとの比較で，非常に際立った特徴がいくつかある。まず，経済産業省モデルは，ブランドを企業会計上の資産として計上する，すなわち貸借対照表に計上する（これを「オン・バランス」という）ことを目的としている点に大きな特徴がある。会計学を学んだことがある人ならわかると思うが，企業会計上の資産の金額は，単に情報というだけではなく，これが将来の取引の基礎になったり，従業員への給与計算

の基礎になったり，配当金や税金計算の基礎になったり，あるいは株価に影響を与えたり，大中小会社の区分に用いられたり，はたまた公共工事への入札基準に用いられたりと，枚挙にいとまがないほど多くの場面で利用されるのであるから，その金額には高度な客観性が備わっていなくてはならない。いいかえると，適当な感覚で決めることは許されないのであり，むしろ誰が計算しても同じ結果が得られるような「固い数字」でなくてはならないのである。そして，何より，企業会計上の資産として扱うということは，これが公認会計士監査の対象となることを意味するのであるから，監査に耐えうるような（明確に根拠を示せるような）金額を算定できるものでなくてはならないのである。

　このことから，経済産業省モデルで利用する数値は，企業の財務諸表から得られる数値のみに限定されている。なるほど，プレステージ・ドライバーでは，売上高，売上原価，営業費用，広告宣伝費などを用いたし，ロイヤルティ・ドライバーでは，売上原価を用いたし，エクスパンション・ドライバーでは，非本業セグメント売上高や海外売上高を用いていた。これらは，すべて評価対象企業の「有価証券報告書（この書類の中に，財務諸表やセグメント情報など，必要な情報がすべて記載されている）」から得られるのであり，しかもこれら数字は，すでに（ブランド価値評価が行われるか否かに関わりなく）公認会計士監査をうけた数字である。このような数字のみを，3つのドライバーの計算式に入れ込むわけであるから，固い数字が得られるし，誰が計算しても同じ結果が得られるというわけである。

　ここで，「定量情報（要因）」と「定性情報（要因）」という用語も一緒に理解しておこう。これらは，価値評価モデルの世界だけで使われる用語ではなく，広くビジネス全般で用いられる用語である。定量情報（要因）とは，金額，人数，マーケットシェア，重さ，体積など数字で表すことのできる情報（要因）のことであり，定性情報（要因）とは，人気がある，ブームが来ている，便利さ，おいしさ，美しさ，など金額では表しづらい情報（要因）のことである。価値評価モデルを成功させるためにも，ビジネスを成功させるためにも，定量と定性の両方をバランスよく加味することが大切である。

　しかし，ここで1つ問題が生じる。定量情報（要因）は数字で把握できるのであるから，誰が測っても同じであり問題はないのだが，定性情報（要因）は，

どうしても主観に左右される側面があり，誰が測るかによって結果が異なる可能性がある。たとえば，ある満開のひまわり畑があるとして，このひまわり畑の面積を測ることは定量情報（要因）の把握なので，誰が測っても結果は同じになるはずである。しかし，そこに咲くひまわりの美しさを5点満点で採点してもらおうとすると，人によっては5点をつけるかもしれないが，別の人は3点しかつけないというように評価が割れてしまうかもしれないのである。定性情報（要因）とはそういうものである。

　さればといって，定性情報（要因）を全く考慮に入れないと，実態に即したリアルな評価を行えないのも事実である。そこで，経済産業省モデルは，定性情報（要因）につき，これをもっとも適切に表す定量情報（要因）に代理してもらう「代理変数化」という手法を用いている。その最たるものが，ロイヤルティ・ドライバーにおける売上原価の標準偏差である。ロイヤルティ・ドライバーが測ろうとする顧客のロイヤルティ（忠誠）は，本来は，定性情報（要因）である。なにせ，評価対象が「顧客がブランドを好きでいてくれる力」なのだから，定性情報（要因）以外の何ものでもない。そんな定性情報（要因）を売上原価の安定性という定量情報（要因）に「代理」してもらっているというわけである。プレステージ・ドライバーにおける広告宣伝費率の利用やエクスパンション・ドライバーにおける非本業セグメント売上高や海外売上高の利用も同様である。

　このことが，コンサルティング業務での利用を目的とし，長年の実務経験の蓄積で得たリアルな定性情報（要因）を如何なく投入するインターブランド社モデルとの間の大きな違いであり，かつ特徴となっているのである。

練習問題・8

問1　経済産業省モデルによって，次のブランドの価値評価額を求めよ。

　当社の売上原価倍率，基準企業の売上原価倍率，当社の広告宣伝費率，当社の売上原価は次のとおりであった。当社のブランドによるキャッシュ・フローを求めよ。

	4年前	3年前	2年前	1年前	当期
当社売上原価倍率	5.5	5.4	3.8	3.1	2.9
基準企業売上原価倍率	2.4	2.0	2.9	2.0	1.1
当社広告宣伝費率	20%	17%	16%	9%	12%

　当社の当期の売上原価は，16,000万円であった。

①　各期について，（当社売上原価倍率）－（基準企業売上原価倍率）を求めよ。

	4年前	3年前	2年前	1年前	当期

②　各期について，①の数値に広告宣伝費率を掛けよ。

	4年前	3年前	2年前	1年前	当期

③　②の数字を平均せよ。

④　ブランドによるキャッシュ・フローを求める次の式を完成せよ。

　　当社売上原価（　　　　　　　　　）×③の数字（　　　　　　　　　）

　　したがって，PD（プレステージ・ドライバー）は（　　　　　　　　　）である。

当社の売上原価の推移は次のとおりである。

（単位：万円）

	4年前	3年前	2年前	1年前	当期
売上原価	16,000	16,100	15,900	15,800	16,000

⑤　売上原価の５期平均を求めよ。

```
┌─────────────────────────────┐
│                             │
│                             │
└─────────────────────────────┘
```

⑥　各期の売上原価が，売上原価５期平均（⑤）とどれだけ乖離しているかを求めよ。

	４年前	３年前	２年前	１年前	当期
平均との乖離					

⑦　⑥の数値を２乗せよ。

	４年前	３年前	２年前	１年前	当期
⑥の２乗					

⑧　⑦の数字を平均することによって，分散を求めよ。

```
┌─────────────────────────────┐
│                             │
│                             │
└─────────────────────────────┘
```

⑨　⑧の数字の√（平方根）を求めることによって，標準偏差を求めよ（小数点以下切捨て）。

```
┌─────────────────────────────┐
│                             │
│                             │
└─────────────────────────────┘
```

⑩　LD（ロイヤルティ・ドライバー）を求めるための次の式を完成させよ（小数点第３位以下切捨て）。

$$LD = \frac{売上原価５期平均（\qquad）－売上原価標準偏差（\qquad）}{売上原価５期平均（\qquad）}$$

$$= (\qquad)$$

当社の海外売上高および非本業セグメント売上高の推移は次のとおりである。

(単位：万円)

	2年前	1年前	当期
非本業セグメント売上高	8,000	9,000	9,000
海外売上高	700	700	1,400

⑪　非本業セグメント売上高の成長率の平均を求めよ。

⑫　海外売上高の成長率の平均を求めよ。

⑬　⑪と⑫の平均を求めよ。

⑭　⑬の数字を ED（エクスパンション・ドライバー）の形式で示せ。

⑮　当社のブランドによるキャッシュ・フローを計算するための次の式を完成せよ（小数点以下切捨て）。

ブランドによるキャッシュ・フロー＝

PD（　　　　　）× LD（　　　　　）× ED（　　　　　）＝（　　　　　）

⑯　割引率を2％として，ブランド価値評価額を求めよ。

問2　ブランド価値評価に関する次の文章の空欄(1)〜(10)に当てはまる語句として，
もっとも適当なものを下記の語群の中から選んで答えなさい。

　ブランドがもつ力には，製品を同業他社の製品よりも高く販売することのできる力
である（　1　），顧客に製品を何度も繰り返し買ってもらえる力である（　2　），
およびブランドを用いて異業種または海外市場に進出することができる力である
（　3　）などがある。これらブランドの力を貨幣額で評価しようとするものがブラ
ンド価値評価モデルである。

　ブランド価値評価モデルには，（　4　）目的で価値評価額を算定するモデルと，
（　5　）目的で価値評価額を算定するモデルの2つがある。前者は，ビジネスにお
いてブランドを利用することを目的とするものであり，そこでは，ブランドのイメー
ジ，先進性，および安定性などをリアルに表現することが重要であり，そのためには，
いわゆる（　6　）を多く加味する必要がある。具体的なモデルとしては，
（　7　）が代表例である。

　これに対して，後者は，財務諸表上にブランドを資産計上することを目的とするも
のであり，そこでは，公認会計士監査に耐えうるだけの客観性と検証可能性を兼ね備
えた金額を算出できることが重要であり，原則として，いわゆる（　8　）のみを用
いて価値評価を行う必要がある。もっとも，（　6　）も加味しなければブランド価
値評価を行えないのも事実である。その場合には，（　6　）を（　9　）すること
によって，客観性と検証可能性を確保する必要がある。具体的なモデルとしては
（　10　）がその代表例である。

【語群】　コンサルティング　　経済産業省モデル　　代理変数化　　実施料率
　　　　定性情報　　オン・バランス　　割引計算　　価格優位性
　　　　インターブランド社モデル　　久留米大学モデル　　定量情報
　　　　ロイヤルティ（忠誠）　　のれん　　拡張力

(1)	(2)	(3)	(4)	(5)

(6)	(7)	(8)	(9)	(10)

第9章

知的財産の価値評価モデル(3)：
久留米大学モデル

Focus

第7章および第8章では，知的財産の中でも，ブランドを価値評価する
モデルとしてインターブランド社モデルおよび経済産業省モデルを取り上
げた。本章では，知的財産の中でも特許権を価値評価するモデルとして
「久留米大学モデル」を取り上げることにしたい。

久留米大学モデルは，特許権の中でも，製薬会社が保有する医薬品に関
する特許権（以下，「医薬特許」という）を価値評価するものである。また，
その目的は，経済産業省モデルと同様に，企業会計上の資産として医薬特
許をオン・バランスさせることにある。

ところで，どうして数ある特許権の中でも医薬特許に対象が限定される
のか。その理由について，結論だけをみてもわかりづらいので，まずは特
許権価値評価モデルの基本的な考え方にまで立ち返ってみていくことにし
たい。

1　特許権価値評価モデルの基本的な考え方

特許権価値評価モデルも，インカム・アプローチに基づくのであれば，将来
に評価対象の特許権が生み出すキャッシュ・フローを見積もることがその中心
課題であることは間違いない。すなわち，ブランド価値評価モデルが，ブラン
ドの生み出す将来キャッシュ・フローを見積もり，それを現在価値に割り引い
ていたのと全く同じである。しかし，その将来予測のやり方が，ブランドと特
許権では大きく異なるのである。

　ここで，一般論として「将来予測（しょうらいよそく）」というものを考えてみよう。卑近な例として，陸上競技のレースでどの選手が優勝するのかを予測するとしよう。このとき，みなさんは何をみて予測を行うだろうか。選手の体格だろうか。もちろん，それもあるだろう。しかし，ほとんどの人は，「各選手の過去のレース結果」をみたいと思うのではないだろうか。そう，過去のレースで，Aという選手が100メートルを9秒台で走っているから，たぶんA選手が今日のレースでも優勝するだろう，などというように予測するのではないだろうか。

　将来予測の典型例である天気予報も同じである。よく，「明日の降水確率は90％です」などと気象予報士が話しているのを耳にするだろう。ここで，彼らは，90％という数字を感覚的に出しているわけではないし，ましてや占いのように予測しているわけでもない。彼らは，明日の気圧配置その他と同一の条件があったときに，過去，何回雨が降ったのか，を計算しているのである。つまり，明日と同じ気圧配置が過去10回あり，そのうち9回雨が降ったから，降水確率は90％であるといえるわけである。

　このように，将来予測とは，過去の事実・データに基づいて行うものであって，何もないところから行うものではないということである。「温故知新（おんこちしん）」ということわざは，まさしくこのようなことを言い当てているといえよう。

　では，ブランドおよび特許権の温故知新，すなわち過去の情報はどうなっているのであろうか。まず，ブランドであるが，ブランドというものは，過去の長年にわたるビジネス上の努力の成果として生まれるものである。たとえば，質の高い製品を作る努力，ていねいにアフターサービスをする努力，人々に受け入れられるデザインを作る努力，広告宣伝に力を入れて社名や製品名を広く認知してもらう努力などである。こういった過去の努力の集大成がブランドに結実するといっても過言ではない。つまり，ブランドには「過去」がある。ゆえに，過去の売上高，売上原価，広告宣伝費，非本業セグメント売上高および海外売上高といったデータをみることで，ブランドの将来を予測することができるのである。

　これに対して，特許権はどうであろうか。結論からいうと，特許権には過去がないといわざるを得ないのではないだろうか。すでに第4章で学習したように，特許権は発明であり，その発明は，「技術的思想のうち高度」なもので

あった。また，特許要件の中に，「新規性」および「進歩性」というものが
あった。要するに，完全に新しいアイディアを生み出した成果が特許権であっ
た。

　ここで，例として，当社はドライヤーを製造販売しており，このたびマイナ
スイオンを発生させられる技術を開発し，これにつき特許権を取得するととも
に，さっそく自社製品に応用したとしよう。この場合，ドライヤーという製品
自体は，今までにも製造販売してきたものだし，今後も製造販売していくもの
である。しかし，マイナスイオンが発生するという新機能は新製品だけのもの
であって，従来製品にはないものである。ということは，製品自体が違うもの
なのであるから，従来製品の過去の売上実績をベースに新製品の将来の売上高
を予測することはできないのである（**図表 9 - 1**）。

図表 9 - 1	**ブランドと特許権の将来予測**

　このように，特許権には過去が存在しないのであるから，特許権を応用した
製品の将来売上を予測することは不可能なのである。もちろん，予測の精度や
根拠が問われないなら，予測をすること自体ができないわけではない。しかし，
「売れると思って投入した新製品であったが，まったく売れずじまいだった」
とか，逆に，「期待していなかったが，これが思わぬ大ヒットとなって」など
の話をよく耳にするであろう。これらの話は，ビジネスの世界において，将来
予測が外れることが少なくないことを物語っている。むしろ，将来予測が人に
よって異なり，ある人は当たり，ある人は外れるからこそ，ビジネスというも
のが成り立つのだとさえいえるのかもしれない。

2 評価対象である医薬品の特徴

　特許権には過去がなく，したがって，これに基づく将来売上予測ができないことが，特許権価値評価モデルの形成を困難にしている最大の壁であるといってよい。しかし，この壁を打ち破ることができそうなのが，久留米大学モデルの評価対象である医薬特許である。

　結論を先にいうと，商製品の将来売上は，「将来販売単価」と「将来販売数量」を掛け合わせたものであるが，医薬品の場合の将来販売単価は，「薬価制度」のもとで公定されており，将来販売数量のベースとなる医薬品のエンドユーザーは患者に他ならないからである。極度に単純化した例ではあるが，ある難病治療薬の薬価が1錠100円であり，年間患者数が10人であり，患者はこの1錠を服用すれば完治するとすれば，年間の売上高は，1,000円（1錠100円×10人）となる。

　この予測値は，基本的にブレないはずである。というのも，薬価は動かしようがないし，数については，どんなに優れた薬であっても，患者以外が服用することはあり得ないのであるから，「大人気商品で行列ができる」なんてことはないし，逆に「閑古鳥が鳴いている」などということもないのである。このように，医薬特許の場合は，過去がなくても将来予測ができるのである。以上の理由から，久留米大学モデルの対象は医薬特許となっている。モデルの中身に入る前に，必要な範囲に限定して医薬品そのものの特徴を整理しておくことにしたい（久留米大学モデルの詳細については，特許庁「知的財産の会計ディスクロージャー制度に関する研究─医薬特許価値評価モデル」2006年を参照）。

（1）　医薬品の種類

　医薬品は，大きく「医療用医薬品」と「一般用医薬品」に分けられる。前者は医師の処方箋を必要とするものであり，後者は処方箋なしで薬局やドラッグストアで誰でも購入できる（カウンター越しに注文できるので，Over the Counter の略で OTC 薬ともいわれる）ものである。薬価基準のもとで価格が公定されるのは前者であり，久留米大学モデルの対象も前者である。厚生労働省

の「平成30年薬事工業生産動態統計年報」によると，日本で年間に売れる医薬品の89.4％は医療用医薬品であるという。医療用医薬品を OTC 薬に変更したものをスイッチ OTC という。

特許権の観点から分類すると，新しい薬であり，特許権で守られる薬を「新薬」または「先発薬」といい，特許保護期間が満了した後に製造販売される薬を「後発薬」または「ジェネリック薬」という。

（2） 創薬プロセス

これまでに存在しなかった新しい化合物を含有する医薬品を製造・販売できるようになるまでの一連のプロセスである「創薬」には，大まかにいって以下の６つのプロセス（第１プロセスないし第６プロセス）があるといわれている。

第１プロセスは，対象疾病の特定である。これは，いかなる疾病領域において新薬が必要とされているか（ニーズ）の調査である。かかるニーズが特定されれば，第２プロセスとして，当該疾病に有効な化合物（シーズ）の探索（スクリーニング）が行われる。探索（スクリーニング）によって発見された化合物のことを「リード化合物」という。ここで有効なリード化合物を発見できるかどうかが，医薬品開発の要であるといわれる。通常は，このリード化合物が発見された段階で，当該リード化合物ならびに化学構造がこれに類似する化合物につき，特許出願が行われる。ここまでの間に２年〜３年の年月を要するのが普通である。

つづく第３プロセスとして，試験管内試験および培養細胞や動物を用いて有効性および安全性などが試験される。これを「非臨床試験」というが，通常は３年〜５年の年月を費やすという。非臨床試験によって有効性および安全性が確認された場合には，第４プロセスの「臨床試験」に入る。臨床試験は「治験」ともいわれる。これはさらにフェーズⅠからフェーズⅢまでに分かれており，大学病院等の医療施設において，それぞれ治験対象を異にした試験が行われる。フェーズⅠは「少数の健康な成人男性」を対象とし，フェーズⅡは「少数の患者」を対象とし，フェーズⅢは「多数の患者」を対象とする試験である。この臨床試験には通常３年〜７年もの年数がかかるという。

臨床試験によって新薬の安全性・有効性が確認されたら，第５プロセスとし

116

プロセス	焦　　点	所要年数
（第1プロセス）「対象疾病の特定」	ニーズの探索	2年〜3年
（第2プロセス）「探索（スクリーニング）」	リード化合物の発見＝「特許出願」	
（第3プロセス）「非臨床試験」	培養細胞や動物を用いた有効性・安全性の研究	3年〜5年
（第4プロセス）「臨床試験」	ヒトを対象とした安全性・有効性のテスト（フェーズⅠ）：少数の健康な成人男性を対象（フェーズⅡ）：少数の患者を対象（フェーズⅢ）：多数の患者を対象	3年〜7年
（第5プロセス）「承認申請」	厚生労働省への承認申請と審査	1年〜2年
（第6プロセス）「薬価収載」	厚生労働省による薬価の公定	

図表9-2　創薬プロセス

て厚生労働省への承認申請が行われ，また同省による審査が行われる。当該審査をパスしたら，最後に第6プロセスとして，薬価収載が行われる。第5プロセスおよび第6プロセスについても1年〜2年の年月が費やされるという。開発に要する時間のことを「開発リードタイム」というが，創薬に要する年数を単純に合計すると，最長17年に及ぶことになる。以上述べたことをまとめれば，**図表9-2**のとおりである。

（3）　創薬における研究開発費と研究成功確率

　創薬プロセスにおける研究開発費は極めて多額にのぼっている。1つの薬を創薬するために300億円から500億円くらいかかるというし，大手製薬会社の2019年3月期の研究開発費およびそれが販管費に占める割合をみても，武田薬品3,683億円（51.3%），アステラス2,087億円（42.5%），第一三共2,037億円（73.3%）と，その膨大さがわかる。

　創薬プロセスに要する研究開発費が膨大であるのとは対照的に，創薬の成功率は極めて低くなっている。日本製薬工業協会の『製薬協DATABOOK

2019』によれば，2013年から2017年の5年間に624,482個の化合物が候補となったが，そのうち厚生労働省による承認を取得できたのは24個であるという。確率にして何と0.003％である。「万に一つ」をはるかに上回る低さである。

　もっとも，ひとたび承認された新薬については，副作用をはじめとする有害事象が発現しない限り，その製品寿命（これを「製品ライフサイクル」という）は比較的長く，仄聞したところでも10年を超えるのが普通であるという。これには，医薬品の特許権保護期間の延長制度（「特許法」第67条）および再審査制度（「薬事法」第14条の4）によって，十分な特許保護期間が確保されていたり，後発企業の参入が実質的に制限されていたりすることが関係している。売上の面でも，俗語であるが，年間1,000億円以上の売上をほこる「ブロックバスター」とよばれる薬もあらわれるという。このように，製品開発から販売終了までの製品ライフサイクルを最大限に伸ばすことを通じて収益の最大化を図ることをライフサイクルマネジメント（Life Cycle Management：LCM）という。

（4）　薬価基準のもとでの公定価格

　現行公的医療保険制度においては，医薬品の処方を含む療養の給付は現物給付によるとされている（「健康保険法」第63条）。すなわち，医薬品は，保険が使える病院や薬局などの「保険医療機関」から与えられるという意味である。お金の流れとしては，病院や薬局が，医薬品に要した額を，支払基金（または国保連合会）に対して請求し，一定の審査を受けたうえで，その償還を受ける（お金を受け取る）という形になる。そこでの金額は，「診療報酬点数」の積み上げによって計算される金額である。そして，その診療報酬点数の構成要素の一部が薬価基準である。たとえば，潰瘍性大腸炎の治療薬で杏林製薬が販売するペンタサ錠250mgであれば，薬価は40.7円というように決められている。この場合，病院や薬局は，40.7円を受け取るのである。なお，この金額のうち3割は患者本人が負担する。「窓口3割負担」などの表現でいわれるのがそれである。

　ただし，このことは，製薬会社が薬価で薬を販売しなければならないことを意味するわけではない。一般に，薬は製薬会社から卸売業者に販売され，卸売業者から病院や薬局に販売され，それが患者に処方されることになる。そうな

ると，製薬会社と患者の間にいる卸売業者と病院・薬局の利益確保が必要になってくる。

上記の例でいえば，ペンタサ錠250mgを処方すれば，病院・薬局には40.7円が入ってくるわけだが，病院・薬局が利益を出すためには，当然ながらそれより安い金額で卸売業者から仕入れていなければならない。ここで，38.7円で仕入れたとすると，病院の利益は2円（＝薬価40.7円−仕入値38.7円）となる。これを利益とはよばずに「薬価差」とよぶ。同様に，卸売業者も2円の薬価差を確保しようとするなら，製薬会社から36.7円で仕入をしなければならないことになる。この36.7円こそが製薬会社の売上になるのである。

（5） 類似薬価と補正加算

薬価の決め方であるが，原則として「類似薬効比較方式」がとられているという。すなわち，効果の類似する薬の薬価をそのまま当てはめる方式である。もっとも，これでは，従来の薬よりも効能が優れた新薬の薬価決定にとっては不十分である。そこで，画期性加算，有用性加算（I），有用性加算（II），市場性加算（I），市場性加算（II），小児加算および先駆け審査指定制度加算などの補正加算等が行われる。**図表9-3**は，その加算の幅をまとめたものである。

図表9-3　補正加算の幅

画期性加算	70%〜120%
有用性加算（I）	35%〜 60%
有用性加算（II）	5%〜 30%
市場性加算（I）	10%〜 20%
市場性加算（II）	5%
小児加算	5%〜 10%
先駆け審査指定制度加算	10%〜 20%

（出所）　中央社会保険医療協議会「薬価算定の基準について」より作成。

類似薬が存在しない新薬に対しては，「原価計算方式」が適用される。これ

は原価に，販売費及び一般管理費，営業利益，流通経費並びに消費税及び地方消費税相当額を加えた額である。要するに，その薬を製造・販売するためにかかった原価を積み上げ，それに営業利益を加えた額である。

3　久留米大学モデル

（1）　久留米大学モデルの全体像

それでは，以下，久留米大学モデルの中身に入っていこう。久留米大学モデルは正式には，「医薬特許価値評価モデル」という。その価値評価プロセスを最初に示せば，次の**図表9-4**のとおりである。

図表9-4	久留米大学モデルの価値評価プロセス

STEP1：医薬品の将来における販売単価を予測する。

STEP2：医薬品の将来における販売数量を予測する。
　　　　　　　　　　　（STEP1×STEP2により医薬品キャッシュ・フローを把握）

STEP3：医薬品キャッシュ・フローに，過去一定期間の売上総利益率を乗じることによって，売上原価に相当する部分を除外する。

STEP4：上記STEPで求めたキャッシュ・フローからR&D関連支出および販売関連支出を控除する。
　　　　　　　　　　　　　　（リスク調整前キャッシュ・フローの算定）

STEP5：上記STEPで算定されたキャッシュ・フローにリスクを反映させる。
　　　　　　　　　　　　　　（リスク調整後キャッシュ・フローの算定）

STEP6：上記STEPで算定されたキャッシュ・フローをリスク・フリー・レートで現在価値に割り引く。

　まず，STEP1において，医薬特許が応用された医薬品の将来における販売単価を予測するとともに，STEP2において同じく医薬品の将来における販売数量を予測する。STEP1の販売単価の予測は，公定薬価に基づいて行い，STEP2の販売数量の予測は，患者数をベースに行う。STEP1とSTEP2で得られる将来キャッシュ・フローを掛け合わせることによって，医薬品販売によってもたらされるキャッシュ・フロー（これを「医薬品キャッシュ・フロー」という）を算定することができる。

120

次に，STEP 3において，医薬品キャッシュ・フローに対して過去一定期間の売上総利益率を乗じることによって，売上原価に相当する部分を除外する。これは，医薬特許がもたらす価値は，仮に医薬特許が存在しない場合と比較した時の超過利益部分であるから，少なくとも損益ベースでみた場合の売上高に相当する医薬品キャッシュ・フローの中から，売上原価に相当する部分を控除する必要があるからである。

つづく STEP 4において，STEP 3で求めたキャッシュ・フローからR&D関連支出および販売関連支出を控除して「リスク調整前キャッシュ・フロー」を算定する。ここでR&D関連支出と販売関連支出を控除する理由は，STEP 3で求めたキャッシュ・フローのなかには，過去のR&D支出および販売関連支出の回収を企図する部分が含まれているはずであり，当該部分は医薬特許によってもたらされた正味のキャッシュ・フローであるとはいえないからである。結局，医薬品キャッシュ・フローから，売上原価の回収部分，R&D関連支出の回収部分および販売関連支出の回収部分を控除した残りが，医薬特許によってもたらされたキャッシュ・フロー部分であると考えられるわけである（**図表 9 - 5**）。

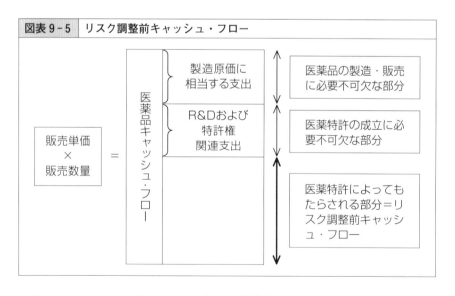

図表 9 - 5　リスク調整前キャッシュ・フロー

さらに，STEP 5では，STEP 4までに見積もられた「リスク調整前キャッ

シュ・フロー」に対してリスクを加味することによって「リスク調整後キャッ
シュ・フロー」を算定する。ここで想定されるリスクには，後述するようにさ
まざまなものが考えられるが，一例をあげれば，フェーズⅢで安全性または有
効性に疑問が生じて開発を中止するリスク，厚生労働省による承認が得られな
いリスク，上市後に薬害が発生し販売中止に追い込まれるリスク，無効審判請
求が提起されてキャッシュ・フローが減少するリスク，同業他社によるライ
バル製品の上市によりキャッシュ・フローが変動するリスクなどがある。

　最後にSTEP 6において，STEP 5で求めた特許権残存期間にわたるリスク
調整後キャッシュ・フローを現在価値に割り引くことによって，医薬特許価値
評価額を算定する。

　以上述べた医薬特許価値評価モデルの評価プロセスのイメージを数値例とあ
わせて示せば，図表9-6のとおりである。

図表9-6　医薬特許価値評価モデルの価値評価プロセスのイメージ

STEP1　将来の販売単価＝@60円
×
STEP2　将来の販売数量＝200万個
＝
医薬品キャッシュ・フローは12,000万円

STEP3

医薬品キャッシュ・フロー　12,000万円　×売上総利益率80％＝　9,600万円

STEP4

9,600万円　－　R&D支出4,000万円　－　販売関連支出600万円　＝　5,000万円
（リスク調整前キャッシュ・フロー）

※R&D支出については，過去に支出した総額÷特許権残存期間によって求めた額とする。
　販売関連支出については，過去の1製品当たり販売支出の平均として見積もる。

STEP5　（特許権残存期間を11年とする）

（単位：万円）

	1年後	2年後	3年後	4年後	5年後	6年後	7年後	8年後	9年後	10年後	11年後
リスク調整前キャッシュ・フロー	5,000	5,000	4,800	4,800	4,500	4,500	4,300	4,300	3,900	3,900	3,900
リスク調整率	×40%	×40%	×35%	×35%	×33%	×33%	×27%	×26%	×26%	×24%	×24%
リスク調整後キャッシュ・フロー	2,000	2,000	1,680	1,680	1,485	1,485	1,161	1,118	1,014	936	936

STEP6

　上記STEP5で見積もられた各年のリスク調整後キャッシュ・フローを，リスク・フリー・レート（2％とする）で現在価値に割り引くことによって，特許権価値評価額＝14,011万円を求める。

（2）　各STEPにおける計算方法

　以下，STEP1ないしSTEP6の計算方法について，設例を用いて述べれば，次のとおりである。

①　STEP1：販売単価の予測

> **設例1**
> 　評価対象となる医薬特許の残存期間は5年とする。当該特許を利用した医薬品の現在の薬価は50円である。医療機関が受け取る薬価差は過去平均4％であり，卸売業者が受け取る薬価差は過去平均2％である。当該薬価については，過去平均で，年間1％ずつ薬価切り下げが行われている。

　この設例1の場合には，すでに薬価が50円と決まっているので，薬価が販売単価予測のスタートになる。ただし，医療機関および卸売業者が受け取る薬価差を控除する必要がある。薬価差は医療機関が4％，卸売業者が2％であるから，「50円×（100％－4％－2％）」という計算により，47円が製薬会社における販売単価となる。

　また，薬価は，2年に1回程度の頻度で改訂されることになっている。これは，将来の販売単価が改訂されることを意味するので，これも計算に反映させる必要がある。これについては，過去の改訂の趨勢を反映させればよい。本設例では年間1％ずつ切り下げられてきたのだから，補数をとって，前年の販売単価を99％（＝100％－1％）にしていけばよい。1年後であれば，47円×99％という計算により，46円（小数点以下切り捨て。以下，同じ）となる。

1年後	2年後	3年後	4年後	5年後
46円	45円	44円	43円	42円

124

設例2
　評価対象となる医薬特許の残存期間は5年である。しかし，当該特許を利用する医薬品は未だ研究開発段階にあり，薬価は存在していない。当該医薬品に係る類似薬価は60円とする。当該医薬品については，画期性加算が100％がつく見通しである。医療機関が受け取る薬価差は過去平均4％であり，卸売業者が受け取る利益は過去平均2％である。類似薬価について，過去に薬価切り下げが行われた実績はない。3年後から販売できる見通しである。

　すでに述べたように，薬価が決まるのは医薬品開発プロセスの最後であるから，リード化合物につき特許取得した段階では，薬価が決まっているわけではない。この場合には，まずは類似薬価を見つけ出し，これに補正加算の見通しを反映させればよい。設例2では，類似薬価が60円であり，画期性加算が100％であるから，「60円＋60円×100％」の計算により120円と見積もることができる。これから，設例1と同様に薬価差合計6％を控除すれば，販売単価を112円（＝120円×（100％－4％－2％））と見積もることができる。

1年後	2年後	3年後	4年後	5年後
開発中	開発中	112円	112円	112円

② STEP2：販売数量の予測

設例3　評価対象となる医薬特許の残存期間は5年である。対象疾病の患者数は現在80,000人である。患者は，1日当たり，3錠を服用する。平均的な一患者当たりの年間服用日数は，73日である。医療機関在庫割合は年間患者総需要の20％であり，卸売業者在庫割合は年間患者総需要の10％であった。

　医薬品のエンドユーザーは患者であるから，販売数量予測の出発点は患者数である。ただし，患者数がそのまま販売数量というわけではもちろんない。まず，患者が1日当たり何錠服用するのか，および，どのくらいの期間服用するのかを考慮しなくてはならない。設例3では，80,000人の患者が1日に3錠を73日間服用するということであるから，年間の総需要は，「80,000人×3錠×73日」という計算で17,520,000錠ということになる。

　次に，医療機関にせよ，卸売業者にせよ，医薬品の安定供給の観点から，需要に対して余裕をもって在庫をストックするのが普通である。設例3では，医療機関が20%，卸売業者が10%の余裕在庫を持つということなので，この分を加味すると，「17,520,000錠×(100%＋20%＋10%)」の計算により，年間需要は22,776,000錠ということになる。

設例4　設例3につづき，マーケットシェアに関して，次の3つのケースが想定される。
　ケースA　当該医薬品は，当社の既存製品を置き換えるものである。当社の既存製品のシェアは30%である。
　ケースB　当該医薬品は，他社の既存製品を置き換えるものである。
　ケースC　当該医薬品は，完全なる新領域に関するものである。

　設例3で計算した22,776,000錠という数字は，世界中での年間需要ということになる。ここから先は，この世界の需要のうちの，どれくらいのシェアを評価対象の製薬会社（以下，「当社」という）が獲得できるかの予測である。ケースAは，当社の既存製品を置き換える（つまり既存製品から，ここでの評価対象である新製品に替えてもらう）ケースなので，当社のシェアについてはそのまま維持できると考えることができる。その場合，「22,776,000錠×30%」の計算により，6,832,800錠が販売数量予測となる。もっとも，これと同時に他社のシェア（当社の30%以外の70%）を奪える見込みがあるならば，当然それも加味する必要がある。

　ケースBは，当該薬効領域において，当社が既存薬をもっていないケースである（たとえば，当社はこれまで糖尿病の薬を製造販売したことがなかったが，今回，はじめて糖尿病の薬を製造販売するケース）。この場合，他社のシェアを奪っていくしかないわけであるから，よほどの特効薬でもない限り，広くシェアを伸ばしていくことは難しい。したがって，MR（Medical Representative；医療情報提供者）を通じた医療機関へのヒヤリング結果なども加味しながら，基本的には保守的に見積もっていく必要がある。仄聞するところでは，5%から10%も奪えれば上々だという。

　ケースCは，これまでに治療薬が存在しなかった領域で製造販売を行うケー

スである。この場合は，相当高いシェアが期待できるが，実際には，経済的事情などから，世界のすべての国の患者が当該医薬品を服用できるとはかぎらない（これを「医薬品アクセス問題」という）。50％にも満たないのが現状であるという。

③　STEP 3 および STEP 4：リスク調整前キャッシュ・フローの算定

STEP 3 については，自社の公表財務諸表から得られる過去の売上総利益を乗じることによって客観的な算定が可能である。STEP 4 についても，過去のR&D 関連支出および販売関連支出を特許権残存期間で除することによって客観的な算定が可能である。

設例 5　当該医薬品の販売単価は112円，販売数量は6,832,800錠である。当社の過去の売上総利益率は30％であった。当該医薬品に係る過去の R&D 関連支出および販売関連支出は合計で300,000,000円であった。特許権の残存期間は 5 年である。

販売単価112円に販売数量6,832,800錠を掛け合わせると，医薬品キャッシュ・フローを765,273,600円と計算することができる。これに売上総利益率（粗利益率ともいう）30％を掛けることによって，利益に相当する部分を229,582,080円と計算できる。この金額から，過去の R&D および販売関連支出を，特許権の残存期間にわたって回収していくのであるから，「300,000,000円 ÷ 5 年」で60,000,000円を毎年のキャッシュ・フローから控除すればよい。したがって，「229,582,080円 － 60,000,000円 ＝ 169,582,080円」がリスク調整前キャッシュ・フローになる。

④　STEP 5：リスクの反映

久留米大学モデルでは，リスク調整前キャッシュ・フローが原則として，特許権残存期間内で継続するものとみなしている。しかし，リスク調整前キャッシュ・フローには，たとえば，薬害の発生によってキャッシュ・フローが生み出されなくなるリスクや無効審判請求が提起されて，キャッシュ・フローが減

少または消滅するリスクがある。そこで，考えられる各種リスクを定量的に把握して「リスク調整率」を算出し，これを各期のキャッシュ・フローに乗じることによって，「リスク調整後キャッシュ・フロー」を算出する。

　もっとも，医薬特許が生み出す将来キャッシュ・フローに影響を及ぼすであろうリスクのすべてを定量的に把握することはもとより，存在しうるリスクを余すところなく列挙することからして不可能である。

　そこで，久留米大学モデルでは，考えられるリスクをいくつか例示列挙するとともに，これらを定量的に把握するための計算例を示すことにした。ただし，その場合であっても，客観性および信頼性を備えたデータを代理変数として利用することによって，可能な限り価値評価額の客観性を保つことを念頭においている。代理変数化の一例をあげれば，**図表9-7**のとおりである。

図表9-7　リスク要因の代理変数化の例

リスク(大分類)	リスク(定性)要因(小分類)	代理変数化の例
(1)　企業の販売能力・安全管理能力その他	①　GQP（品質保証基準）・品質管理責任者の能力 ②　GVP（安全管理基準）・安全管理責任者の能力 ③　総括製造販売責任者の能力 ④　MR（医療情報提供者）の能力 ⑤　PM（製品品質管理者）の存在またはその能力 ⑥　ブランド力	①　販管費に占めるGQP関連支出の割合の過去5年増減率 ②　販管費に占めるGVP関連支出の割合の過去5年増減率 ③　販管費に占める製造責任関連支出の割合の過去5年増減率 ④　MR訓練費用の増減率 ⑤　PM関連支出の増減率 ⑥　ブランド価値評価モデルのPD値
(2)　有害事象による販売中止リスク	薬品としての安全性の評価	過去10年間における医薬品業界全体の販売中止率の平均（または過去10年間における自社の販売中止率の平均）
(3)　無効審判請求	無効審判請求が提起され，特許無効となりキャッシュ・フローが減少するかまたは消滅するリスク	過去10年間における医薬品業界全体または自社のキャッシュ・フローが，無効審判請求の提起後に減少した割合

計算方法であるが，ここで当社の過去における薬害発生率は△2％であり，無効審判請求の発生率は△1％であり，MRの研修費用は＋2％であるとしよう。△（マイナス）はキャッシュ・フローを減少させるリスクであり，＋（プラス）はキャッシュ・フローを増加させるリスクである。これらのプラスマイナスを相殺すると△1％（＝△2％＋△1％＋2％）である。△1％ということは1％の確率でキャッシュ・フローが減少するということである。逆にいえば，99％の確率でキャッシュ・フローは減少しないということである。したがって，設例5のリスク調整前キャッシュ・フロー169,582,080円を用いると，これに99％を掛けて167,886,259円をリスク調整後キャッシュ・フローとして計算できるのである。

⑤　STEP 6：割引計算

久留米大学モデルは，経済産業省モデルと同様に，期待キャッシュ・フロー・アプローチを採用している。すなわち，STEP 1からSTEP 5までの間に，すでに将来キャッシュ・フローにリスクが反映されている。したがって，割引計算にあたっては，長期国債利回りなど，いわゆるリスク・フリー・レートを割引率として利用する。割引計算そのものについては，第6章を確認してみよう。

練習問題・9

問1　次の文章を読んで，下記の(1)〜(5)の問いに答えなさい。

　医薬品には，大きく分けて，医師の処方箋が必要な（　ア　）と，処方箋が必要ではない（　イ　）の2つがある。（　イ　）は，ドラッグストアなどのカウンター越しに購入できることから（　ウ　）とよばれることもある。

　製薬業界の売上の8割を占めるのは（　ア　）であり，新薬として特許取得が行われるのも（　ア　）である。

　新薬の開発プロセスは，6つの段階を経て行われる。第1段階は，対象疾病の特定である。第2段階は，薬の基となる（　エ　）の探索である。この（　エ　）につき特許取得が行われる。第3段階は，（　エ　）の有効性・安全性を，動物や細胞を用いて試験する（　オ　）である。第4段階は，（　エ　）の有効性・安全性を，実際に人間で試験する（　カ　）である。（　カ　）は，通称（　キ　）ともよばれる。これには，さらに(a)3つのフェーズがある。

　第5段階は，厚生労働省からの承認取得であり，第6段階は，公定価格である（　ク　）の取得（収載）である。

　以上の開発プロセスには，(b)長い年月と莫大な研究開発費が必要である。しかも，（　エ　）が最終的に新薬として承認される可能性は非常に低い。

　しかし，(c)開発期間の長さと引き換えに，(d)製品寿命が比較的長いのも特徴である。また，売上金額も大きく，特に年間1,000億円以上の売上を誇る製品のことを，俗称ではあるが（　ケ　）という。

　ところで，新薬の価格の決め方であるが，それは原則として既存の類似薬の価格に一定の価格を加える形で行われる。このように価格を上積みすることを（　コ　）という。

(1)　空欄に当てはまる語句を答えなさい。

ア	イ	ウ	エ	オ

カ	キ	ク	ケ	コ

(2)　下線部(a)について正しい組み合わせを線で結びなさい。

フェーズ１・　　　　　　　　　　・多数の患者

　　　　　　　　　　　　　　　　・健康な人（主に男性）

フェーズ２・　　　　　　　　　　・医療関係者

　　　　　　　　　　　　　　　　・少数の患者

フェーズ３・　　　　　　　　　　・マウス・豚

(3)　下線部(b)の数値として正しい組み合わせを下記より選びなさい。

　　　ア　２年程度で３億円

　　　イ　５年程度で５億円

　　　ウ　５年程度で500億円

　　　エ　15年程度で５億円

　　　オ　15年程度で500億円

(4)　下線部(c)のことをビジネス専門用語で何というか。

　　　ア　資源スラック

　　　イ　R&D タイム

　　　ウ　製品ライフサイクル

　　　エ　開発リードタイム

　　　オ　ドラッグ・ラグ

(5)　下線部(d)のことをビジネス専門用語で何というか。

　　　ア　資源スラック

　　　イ　R&D タイム

　　　ウ　製品ライフサイクル

　　　エ　開発リードタイム

　　　オ　ドラッグ・ラグ

問2　次の条件に基づいて，医薬特許価値評価モデル（久留米大学モデル）によった場合の特許権価値評価額を求めよ。なお，計算の結果生じた端数は，すべて切り捨てる。

(1)　評価対象となる医薬特許の残存期間は4年である。当該特許を利用した医薬品の現在の薬価基準は80円である。医療機関が受け取る薬価差は過去平均5％であり，卸売業者が受け取る薬価差は過去平均4％である。

(2)　対象疾病の患者数は現在80,000人である。患者は，1日当たり，2錠を服用する。

(3)　平均的な一患者当たりの年間服用日数は，73日である。

(4)　医療機関在庫割合は，年間患者総需要の20％であり，卸売業者在庫割合は，年間患者総需要の10％であった。

(5)　当該医薬品は，自社の既存製品を置き換えるものである。自社の既存製品のマーケットシェアは20％である。

(6)　過去の当社の粗利益率は，70％であった。

(7)　この特許権を取得するために要した研究開発費は合計300,000円である。これを各年の数値に均等に負担（控除）させる。

(8)　当社の過去における薬害発生率は△2％であり，無効審判請求の発生率は△1％であり，MRの研修費用は＋2％である。

(9)　現在のリスク・フリー・レートは2％である。

条件またはSTEP	1年後	2年後	3年後	4年後
(1)(販売単価) = STEP 1				
(2)(販売数量) = STEP 2				
(3)(販売数量) = STEP 2				
(4)(販売数量) = STEP 2				
(5)(販売数量) = STEP 2				
医薬品キャッシュ・フロー				
(6)(粗利益率) = STEP 3				
(7)(R&D 控除) = STEP 4				
リスク調整前キャッシュ・フロー				
(8)(リスク調整) = STEP 5				
リスク調整後キャッシュ・フロー				

(10) 割引計算

	1年後	2年後	3年後	4年後
リスク調整後キャッシュ・フロー				

第10章

知財会計の展開(1)：
パーチェス法と持分プーリング法

Focus

　第7章から第9章にかけて，知的財産を価値評価するための3つのモデルを取り上げた。その理由は，これらモデルを通じて価値評価した知的財産を，企業会計上の資産として計上したいからである。いいかえると，第5章でみたように，現行会計基準のもとでは，知的財産がごく一部しか計上されていないという問題があった。すなわち，他社から購入した買入知的財産は資産計上されているものの，自社内で研究開発して取得した自己創設知的財産については，これが資産計上されていないという問題である。この問題を克服するためには，自己創設知的財産を価値評価し，これを資産として計上できる体制を整えることが必要不可欠であると考えられるわけである。

　しかし，ことは，そう簡単ではない。すなわち，本書で取り上げた3つのモデルにしても，必ずしも広く承認されているわけでもなければ，会計基準で採用されているわけでもない。他にもいくつかモデルは提唱されているが，価値評価問題を完全に克服でき，会計基準が採用できるようなレベルに達しているモデルは存在しない。

　しかも，仮に自己創設知的財産を価値評価できれば，それでただちに問題が解決するわけではない。知財会計の論者の中には，仮に価値評価ができたとしても，それでも自己創設知的財産は資産計上すべきではないと考える者も少なくない。

　そこで，本章以下では，これまでの知財会計の議論を整理するとともに，今後の知財会計の展望を示していくことにしたい。

1　パーチェス法時代の知財会計

　知財会計のこれまでの議論といっても，それは知財会計という名称のもとで行われてきたわけではない。そうではなく，「企業結合会計」として議論が行われてきた。企業結合会計は，合併や子会社取得などのM&Aを扱う会計領域である。企業結合会計のもとで知的財産が扱われてきたのは，企業結合を行った際に，知的財産が計上されることが少なくないからに他ならない。

　企業結合会計をリードしてきたのは，アメリカであることから，以下，アメリカにおける企業結合会計の展開に即して議論を整理していこう。

　アメリカのビジネスの歴史を勉強したことのある人は詳しいだろうが，現在のアメリカの巨大企業の中には，合併や子会社化などの企業結合を通じて成長してきた会社が少なくない。カーネギー財産のUSスチールやロックフェラー財団のスタンダードオイルなどが有名である。これらの会社が企業結合に際して用いていた方法を「パーチェス法」という。これを**図表10-1**の設例で確認してみよう。

　第5章と少し重複するが，合併は，A社がB社をいわば購入する取引である。ただ，通常の購入と異なるのは，A社は代金として現金を払うのではなく，A社の株式をB社株主に交付する点である。また，A社がB社を買うということは，B社の資産と負債をA社が取得するということである。B社には，資産として売掛金，棚卸資産，建物および土地があり，負債として借入金がある。A社がこれら資産と負債を取得するときには，当然のことながら時価で取得することになる。この設例では，B社の土地の時価が5,400百万円であるとされている。他の資産と負債については特に言及がないので，時価と簿価（B社の貸借対照表という帳簿に記載されている金額なので帳簿の簿をとって「簿価」という）は一致していると考えよう。

　ここで，A社がB社から取得した資産と負債を整理すると，資産が，売掛金2,700百万円，棚卸資産1,000百万円，建物6,000百万円，土地5,400百万円の合計15,100百万円，負債が借入金3,500百万円であり，資産と負債の正味を意味する純資産が11,600百万円（＝資産合計15,100百万円－負債合計3,500百万円）と

図表10-1	パーチェス法

　A社は，期首にB社を吸収合併した。A社は，この合併にあたり，新株900株（1株当たりの時価30百万円）を発行した。合併時点におけるA社およびB社の貸借対照表は次のとおりであり，B社の土地の時価は，5,400百万円であった。

A社貸借対照表　（単位：百万円）

売　掛　金	4,500	借　入　金	3,500
棚 卸 資 産	2,000	資　本　金	10,000
建　　　物	5,000	利益剰余金	4,500
土　　　地	6,500		
	18,000		18,000

B社貸借対照表　（単位：百万円）

売　掛　金	2,700	借　入　金	3,500
棚 卸 資 産	1,000	資　本　金	8,000
建　　　物	6,000	利益剰余金	3,000
土　　　地	4,800		
	14,500		14,500

いうことになる。この純資産11,600百万円を構成する資産および負債は，すでにB社の貸借対照表上でこれまでに認識されてきたものであるから，これを第5章でも述べたとおり，認識済受入純資産とよぶわけである。

　この認識済受入純資産11,600百万円を取得するために，A社が支払った対価は，A社株式900株である。その1株当たりの金額は30百万円であるから，支払対価は27,000百万円（＝900株×@30百万円）となる。ということは，11,600百万円の認識済受入純資産を取得するために，27,000百万円の支払対価を払ったことになるので，差額が15,400百万円（＝27,000百万円－11,600百万円）発生する。15,400百万円も多く支払ったということには，何か理由があるはずである。第5章でもみたように，この「何か」のことを「のれん」というわけである。

　では，会計処理（仕訳）をみていこう。まず，企業結合の会社処理は，資産と負債を取得するA社の立場で行う。資産の取得は，「資産の増加＝借方」に，

負債の取得は，「負債の増加＝貸方」にそれぞれ記入すればよい。支払対価の株式発行は，「資本金および資本剰余金の増加＝貸方」となる。ここでは1株につき@5円を資本金（したがって，900株×@5円＝4,500円）とし，残りの1株につき@25円を資本剰余金（したがって，900株×@25円＝22,500円）にすることにしよう。のれんは差額であり，ここでは「何らかの価値」だというのだから資産として扱うことになる。以上の会計処理（仕訳）のことを「受入仕訳」という。

（A社の受入仕訳） （単位：百万円）

（借）	売 掛 金 棚 卸 資 産 建 物 土 地 の れ ん	2,700 1,000 6,000 5,400 15,400	（貸）	借 入 金 資 本 金 資本剰余金	3,500 4,500 22,500

　この受入仕訳をすることは，A社の資産，負債および純資産が増加することを意味する。そこで，この受入仕訳と，A社の貸借対照表とを合算すると，企業結合後のA社の新しい貸借対照表を完成させることができる。

A社貸借対照表（企業結合後）

売 掛 金	7,200	借 入 金	7,000
棚 卸 資 産	3,000	資 本 金	14,500
建 物	11,000	資本剰余金	22,500
土 地	11,900	利益剰余金	4,500
の れ ん	15,400		
	48,500		48,500

　さて，第5章では，この会計処理を行った後に，「何か」を意味するのれんの中身を原因分析する議論へと進んだはずである。しかし，のれんを原因分析しようという考え方は，比較的最近出てきたものであり，長い歴史の中では，むしろ「のれんをどう事後処理するか」ということが議論の中心であった。

　この事後処理について，もっとも一般的な考え方は，のれんを償却するこ

とである。償却とは，資産を費用に変えることをいう。当たり前のことであるが，資産というのは使うためにある。その資産を使うということは，消費する（なくなる）ということだから，費用にするわけである。のれんは，中身が特定できず「何らかの価値」という漠然としたものではあるが，ともかくも資産であることには変わりないので償却（費用化）すべきというわけである。この考え方でいくと，のれんの事後処理は次のようになる（10年で償却するものとする）。

(償却方式)　　　　　　　　　　　　　　　　　　　　　　　　　（単位：百万円）

| (借) | のれん償却
（費用） | 1,540 | (貸) | の　れ　ん
（資産） | 1,540 |

　このように，毎年1,540百万円の費用が発生し，それと同額だけのれんが減っていき，10年後には，のれんは完全になくなるのである。
　しかし，事後処理として初期（1900年代初頭）のころに主流であったのは，のれんをその計上後，ただちに「剰余金」と相殺してしまう方法であった。

(剰余金相殺方式)　　　　　　　　　　　　　　　　　　　　　（単位：百万円）

| (借) | 利益剰余金
資本剰余金
（ともに資本・純資産） | 4,500
10,900 | (貸) | の　れ　ん
（資産） | 15,400 |

　ここで，利益剰余金とは，その会社がこれまでに稼いだ利益のうち未だ株主に配当していない部分をいい，資本剰余金とは，株主が出資してくれた金額のうち，資本金とはしなかった部分をいう。両者を区別せずに，まとめて「剰余金」ということもある。いずれにせよ，両者は貸借対照表の資本の部（現在の日本の会計基準では純資産の部）に計上されている項目である。仕訳をみてわかるように，この方法によった場合には，費用は1円も発生しない。また，のれんはその全額が一度に消えてなくなってしまう。
　これまでに議論になってきたのは，償却方式と剰余金相殺方式のどちらが優れているのかという点である。この議論はもう100年以上続いているが，いまだに決着をみていないようである（現行アメリカ基準にも改訂のきざしがある）。

それもそのはずで，なにせのれんの中身がはっきりしないのであるから，そのようなはっきりしないものの会計処理を明快に論じることなどできなかったのである。

　ちなみに実務は，費用が発生しない剰余金相殺方式を選択していた。費用が発生しないということは，そのぶん利益を多く計上できるからである。

2　持分プーリング法時代の知財会計

　企業結合の会計処理方法としては，パーチェス法とならんで，「持分プーリング法」という方法も存在していた。その考え方は極めてシンプルであった。すなわち，企業結合によって2つの会社が1つになるというなら，会計上も，2つの会社の帳簿をただ合算してしまえばよいという考え方である。先の**図表10-1**の設例を持分プーリング法によって会計処理した場合の受入仕訳と企業結合後の貸借対照表は，次のようになる。

（A社の受入仕訳）　　　　　　　　　　　　　　　　　　　　　　　（単位：百万円）

（借）	売　掛　金	2,700	（貸）	借　入　金	3,500
	棚 卸 資 産	1,000		資　本　金	8,000
	建　　　物	6,000		利益剰余金	3,000
	土　　　地	4,800			

A社貸借対照表（企業結合後）

売　掛　金	7,200	借　入　金	7,000
棚 卸 資 産	3,000	資　本　金	18,000
建　　　物	11,000	利益剰余金	7,500
土　　　地	11,300		
	32,500		32,500

　受入仕訳では，B社の資産，負債および資本・純資産が，そのままの金額で受け入れられている。がゆえに，企業結合後のA社の貸借対照表の数字も，B社の数字がそのまま加算される形になっている。また，持分プーリング法のもとでは，のれんが計上されることはない。したがって，のれん償却という費用

が発生することもない。

　この持分プーリング法が一躍脚光を集めるようになったのは，1945年のことである。この年に何があったかというと，ASR50という基準が公表され，のれんの剰余金相殺方式が使えなくなったのである。剰余金相殺方式が使えない以上，企業は償却方式を用いるしかない。しかし，そうなると，のれん償却という費用を計上せざるを得ず，これが利益を圧迫すると感じられるようになったのである。であれば，はじめからのれんが発生しない持分プーリング法を適用してみよう，という動きにつながっていったのである。

　事実，持分プーリング法は実務で広く用いられたようである。そして，1960年代には「持分プーリング法の濫用」とまでいわれるようになった。なぜ，濫用などという否定的な評価がなされたのか。その理由は，持分プーリング法にはいくつかの問題点があったからである。

　まず，受入仕訳において，被取得企業（本設例でいえばB社）の資産および負債を，被取得企業（B社）における帳簿価額で計上していることである。設例では，土地の時価は5,400百万円であるにもかかわらず，受入仕訳では4,800百万円となってしまうのである。当然のことながら，モノを買う場合には，その時価で購入するはずである。企業結合でも同じことであり，取得企業（A社）は，B社の資産を時価で購入するはずである。しかし，この時価が無視されてしまうのが問題点の１つである。

　また，企業結合における支払対価が無視されてしまう点も，大きな問題点の１つである。本設例では，支払対価として@30百万円の株を900株，金額にして27,000百万円相当を支払っているのであるが，このことが受入仕訳には反映されないのである。極端ではあるが，仮にたった１株（30百万円相当）しか支払っていなくても，あるいは，１万株（300,000百万円相当）を支払っていたとしても，結果が全く同じになってしまうのである。

　さらに，被取得企業（B社）の利益剰余金がそのまま取得企業（A社）に引き継がれることが，疑問視されることもある。利益剰余金は，被取得企業（B社）がいままでに稼いだ利益である。しかし，B社のビジネスは，企業結合によってA社の中で再編され，新たなビジネスとしてスタートするとも考えられる。であれば，かかる新たなビジネスが利益を生み出すまでは，当然，利益剰

余金は存在しないはずである。ところが，B社のかつての利益剰余金を引き継いでしまうと，いわば，新しいビジネスのスタート初日から利益が計上されているという不思議な結果を生んでしまうというのである。

図表10-2	持分プーリング法の問題点

1　取得企業（A社）にとっての資産と負債の取得原価（時価）が反映されないこと。
2　支払対価の金額が完全に無視されてしまうこと。
3　被取得企業（B社）の利益剰余金が引き継がれてしまうこと。

　このような問題点は，そのまま裏返しで，持分プーリング法の「利益捻出的効果」につながっている。利益捻出的効果とは，持分プーリング法がパーチェス法に比べて利益を大きく計上できる効果をもつことをさしている。すなわち，時価を反映しないということは，それだけ安い価額で資産を取得することを意味する（一般的に物価は上昇する）ので，その安く取得した資産を後に売却すれば，安かった分だけ利益を多く計上できるし，支払対価が無視されるのだから，差額としてののれんが計上されず，したがってのれん償却費（費用）を負担せずに済むわけであるし，利益剰余金を引き継ぐということは，その分だけ，後の配当を増やすことができる（配当は，原則として利益剰余金の額に限られるので，利益剰余金が大きければ大きいほど，配当できる額は大きくなる）ので，後の株価上昇やビジネス上の信頼向上などのメリットを得ることができよう。

　これらの利益捻出的効果の中でも，決定的であったのは，のれんの償却費負担が不要であることであったといわれている。とりわけ1950年代から60年代にかけての時期は，「コングロマリット型合併」などとよばれる，業種を超えた大規模なM&Aが盛んに行われており，のれんが巨額に上ることが少なくなかったといわれている。のれんの償却費負担を回避するために，企業はこぞって持分プーリング法を適用したというわけである。

　もっとも，会計基準設定機関も，この状況に手をこまねいていたわけではない。1950年から1957年にかけて相次いで公表されたARB基準（40号，43号および48号）は，(1)所有主持分の継続性，(2)結合当事会社の相対的規模の類似性，(3)経営者および支配の継続性，(4)事業の類似性・補完性の4つの条件（ただし，

⑷は48号では削除された）がそろったときにのみ持分プーリング法を適用してよいという基準を示した。つまり，持分プーリング法を制限しようとしたのである。

ARB基準の趣旨を一言でいえば，取得企業（A社）と被取得企業（B社）がほぼ同規模であり，企業結合の前と後で実態が変わらない場合にのみ，持分プーリング法を適用してよく，それ以外の場合は，パーチェス法を適用しなさいということである。

1970年に公表されたAPB16は，さらに厳しく次の12の条件を示し，このすべての条件を満たす場合にのみ，持分プーリング法を適用できるものとした。

図表10-3　APB16の持分プーリング法適用基準	
⑴　結合前2年間に当事会社間に支配従属関係がない。	⑺　株主の持株比率に変動が生じない。
⑵　結合当事会社間の投資が10%に満たないこと。	⑻　結合後もすべての株主の議決権が行使可能である。
⑶　企業結合が1回の取引で行われるか，または1年以内に完了する。	⑼　結合後に条件付き対価にかかる取り決めが残らない。
⑷　90%以上の議決権付普通株式が発行される。	⑽　企業結合に用いられた議決権付き株式の買い取り請求などに応じない。
⑸　企業結合完了までの2年間に議決権の変動がない。	⑾　結合前の株主に有利となる契約等を行わない。
⑹　企業結合開始前に自己株式の取得を行っていない。	⑿　結合後2年間に重要な設備等の廃棄を計画しない。

かなり細かい規定であるが，これも一言でいえば，「両社の株主構成にせよ，ビジネスの実態にせよ，企業結合の前後で何ら変化が生じないこと」を求める基準であるといえよう。しかし，よく考えてみると，実態に変化を生じさせないような企業結合なら，そもそも，そのような取引が行われるはずもないのであるから，APB16は，事実上，持分プーリング法の廃止を打ち出したに等しいとみる余地もある。会計基準設定機関もそのように考えたのか，APB17で「のれんの償却期間を最大40年に延長する」と規定したのである。持分プーリ

ング法は適用できなくなるが，その代わりのれんの償却期間が40年になれば，
1年当たりの償却費負担は小さくなるので問題はないだろう，ということである。

　ところが，そんな APB の考えとは裏腹に，APB16は，持分プーリング法の
制限にほとんど成功しなかった。企業が APB16の規定を無視したのである。
いや，無視したというより，企業結合の実態を12条件に合うように少しずつ変
えることで，持分プーリング法を適用可能にしたのである。

　そこまでしてでも企業が持分プーリング法を利用したい理由は，やはりのれ
んの償却費負担問題の回避にあったといわれている。これは，(a)40年償却でも
負担軽減にはならないほどのれんが巨額に上っているから，(b)毎年のように企
業結合を行っている企業にとっては，のれんの償却期間が何年でも，1年あた
りの償却費負担はそれほど変わらないから，(c)40年で償却できるからといって
も，そもそも実態不明なのれんを40年も貸借対照表に計上したままにしておく
ことは得策ではなく，結局は早期償却を迫られるから，などさまざまな理由か
らであるといわれている。

　1999年には，現在の会計基準設定機関である財務会計基準審議会（Financial
Accounting Standards Board：FASB）が，持分プーリング法を廃止するととも
に，のれんの償却期間を20年に短縮する案を公開草案として示した。しかし，
この公開草案は，実務から猛反発を受けて廃案となってしまった。持分プーリ
ング法が完全に適用不能になるうえ，問題ののれんの償却期間が40年から20年
へと半減するのであるから，実務の猛反対は当然といえば当然である。

　これを受けて2001年に FASB は，改めて公開草案を公表し，持分プーリン
グ法を廃止するとともに，問題ののれんについては，償却方式をやめ，減損方
式に移行する案が示された。償却方式がなくなれば，のれんの償却費負担に苦
しむこともないのであるから，こちらの公開草案は，すんなり実務に受け入れ
られた。かくして，FASB は同年のうちに，確定基準である SAFS141を公表
し，これをもって持分プーリング法は，アメリカの会計基準上から姿を消すこ
とになったのである。

練習問題・10

問1　M&A について述べた次の文章のうち，正しいものをすべて選びなさい。

①　M&A とは，合併・買収のことであり，あわせて企業結合ともいう。

②　M&A とは，知的財産を，他企業にライセンスすることにより収入拡大を目指す戦略である。

③　M&A は，企業規模を拡大したり，新規事業に参入したりするための有効な手段である。

④　M&A とは，Merger と Asset の頭文字を取ったものであり，企業規模拡大のための技術である。

問2　次の文章の空欄に当てはまる用語を答えるとともに，下線部に関する問いに答えなさい。

　企業結合の会計処理方法としては，従来から，（　ア　）法と（　イ　）法の2つが認められてきた。（　ア　）法は，取得原価主義に基づく会計処理方法であり，支払対価で受入純資産を評価する会計処理方法である。これに対して，（　イ　）法には，①諸資産及び諸負債を被取得企業における（　ウ　）で引き継ぐ，②支払対価が問題にされず，したがって（　エ　）が計上されない，および③被取得企業の（　オ　）が引き継がれるといった特徴がある。これら3つの特徴は，そのまま（　イ　）法の(a)利益捻出的効果にも関係している。

　もっとも，（　イ　）法が実務で多用されるようになったのは，1945年に（　カ　）が公表された以降である。これによって，（　エ　）を剰余金と相殺することができなくなったからである。

　その後，（　イ　）法が幅広く用いられるようになった。しかし，1960年代にみられた(b)コングロマリット型合併などは，（　イ　）法が想定するのとは全く異なる実態の取引であり，いわば濫用といわれる状況が続くことになった。そこで，1970年にAPB16は，12個の適用条件を設定するとともに，（　エ　）の償却年数を最大（　キ　）年にするなどして，濫用に歯止めをかけようとしたが，結果的には成功しなかった。

　そこで，FASB は，1999年に公開草案を公表し，（　イ　）法の廃止と，（　エ　）の償却年数の最大（　ク　）年化を提案した。しかし，これは実務から激しく反発された。そこで，FASB は2001年に SFAS141を公表し，（　イ　）法を廃止するととも

に，（　エ　）の処理方法を，償却から（　ケ　）方式へと変更することにした。

ア	イ	ウ
エ	オ	カ
キ	ク	ケ

・(a)の利益捻出的効果として，間違っているものを1つ選び，番号で答えなさい。
　　① 配当できる金額が大きくなるために，株価上昇が期待できる。
　　② 安く取得した資産を後に売却して利益を出せる。
　　③ 費用を繰延資産に計上できるため，利益が大きくなる。
　　④ （　エ　）の償却費負担を負わなくて済む。

・(b)のコングロマリット型合併について，正しいものを1つ選び，番号で答えなさい。
　　① 異業種の企業を積極的に合併するものである。
　　② 同一産業に属する企業を積極的に合併するものである。
　　③ 利益捻出的効果の高い相手と積極的に合併するものである。
　　④ 石油・ガスなどのエネルギー企業間にみられる合併である。

問3　A社は，期首にB社を吸収合併した。A社は，この合併にあたり，新株500株（1株当たりの時価30百万円）を発行した。合併時点におけるA社およびB社の貸借対照表は次のとおりであり，B社の土地の時価は，5,600百万円であった。

A社貸借対照表　（単位：百万円）

売　掛　金	4,500	借　入　金	3,500
棚　卸　資　産	2,000	資　本　金	10,000
建　　　物	5,000	利益剰余金	4,500
土　　　地	6,500		
	18,000		18,000

B社貸借対照表　（単位：百万円）

売　掛　金	2,700	借　入　金	3,500
棚　卸　資　産	1,000	資　本　金	8,000
建　　　物	6,000	利益剰余金	3,000
土　　　地	4,800		
	14,500		14,500

①　パーチェス法における受入仕訳を行いなさい。

（借）		（貸）	

②　合併後のA社の貸借対照表を作成しなさい。

A社貸借対照表（合併後）　（単位：百万円）

③　持分プーリング法における受入仕訳を行いなさい。

（借）		（貸）	

④　合併後のA社の貸借対照表を作成しなさい。

A社貸借対照表（合併後）　　（単位：百万円）

第11章

知財会計の展開(2)：のれんの会計

Focus

前章でみたように，これまでの企業結合会計における最大の問題は，のれんの会計処理であった。すなわち，償却方式をとる場合の「のれん償却費の負担」が問題となっていた。しかし，この問題は，2001年に FASB がのれんにつき，償却方式をとりやめ，新たに減損方式を導入したことをもって，大きくその焦点が変わることになった。

そこで，本章では，減損方式導入後ののれん会計の展開について取り上げることにしたい。なお，減損会計については，日本の会計基準とアメリカの会計基準との間に違いはほとんどないので，日本の会計基準に即してみていくことにしよう。

1　減損方式による会計処理

「減損方式」は，のれんも含めた固定資産に対して広く適用される会計処理方法である。減損方式は，対象となる資産につき，これに(1)「減損の兆候」があり，(2)「減損テスト」をクリアしている場合に，(3)「回収可能価額」が帳簿価額を下回った部分を，「減損損失」という費用として認識する方法である。ここで回収可能価額とは，「正味売却価額」と「使用価値」のいずれか大きい方と定義されている（「固定資産の減損に係る会計基準」二，２ないし４）。

（1）　減損の兆候

減損方式による費用認識（減損損失の認識）は，償却方式とは異なり，毎期末など定期的に行うものではない。そうではなく，減損の兆候があり，かつ，

148

減損テストをクリアした場合にのみ認識される。何をもって減損の兆候がある
とみるかについては，**図表11-1**の4つが例示列挙されている。

図表11-1	減損の兆候

① 資産又は資産グループが使用されている営業活動から生ずる損益又はキャッ
シュ・フローが，継続してマイナスとなっているか，あるいは，継続してマイ
ナスとなる見込みであること。
② 資産又は資産グループが使用されている範囲又は方法について，当該資産又
は資産グループの回収可能価額を著しく低下させる変化が生じたか，あるいは，
生ずる見込みであること。
③ 資産又は資産グループが使用されている事業に関連して，経営環境が著しく
悪化したか，あるいは，悪化する見込みであること。
④ 資産又は資産グループの市場価格が著しく下落したこと。

このような事象が発生した場合には，減損の兆候があると判断され，次の減
損テストへと進むことになる。いいかえれば，減損の兆候がない限りは，費用
認識を行う必要は一切ないということである。その場合，のれんをはじめとす
る評価対象資産は，そのままの金額で貸借対照表上に残ることになる。この点
は，償却方式が毎期費用認識を必要としていたのと極めて対照的である。

（2） 減損テスト

次の減損テストであるが，これは，帳簿価額と「評価対象資産の割引前
将来キャッシュ・フロー」とを比較して，前者が後者を上回っている場合に
のみ減損損失の認識へと進むとするテストである。

たとえば，評価対象資産の帳簿価額が1,000万円であり，将来キャッシュ・
フローが，1年後から3年後にかけて，それぞれ200万円，300万円，400万円
である場合には，帳簿価額1,000万円が割引前将来キャッシュ・フロー900万円
（＝200万円＋300万円＋400万円）を上回るので，次の減損損失の認識へと進むこ
とになる。なお，ここでのキャッシュ・フローは割引前なのであるから，文字
どおり割引を行わないので，単純に将来キャッシュ・フローを合計した額とし
て算定される。

（3）　減損損失の認識

　最後に減損損失の認識であるが，減損損失は，回収可能価額が帳簿価額を下回った部分として認識する。回収可能価額は，正味売却価額と使用価値のいずれか大きい方である。ここで，正味売却価額は，対象資産を売却する場合の売価から，売却に必要なコストを差し引いた額である。たとえば，対象資産（帳簿価額1,000万円の設備としよう）は980万円で売却可能だが，売却するためには，現在これを配置している工場から買い手の手許まで梱包して輸送しなければならず，そのためのコストが100万円かかるとしよう。その場合，正味売却価額は880万円（＝980万円−100万円）となる。使用価値とは，この設備を引き続き使用することによって得られるキャッシュ・フローの現在価値である。今後3年間かけて，それぞれ200万円，300万円，400万円のキャッシュ・フローが得られるとし，利子率を2％とすると，使用価値は860万円（＝200万円÷102％＋300万円÷102％÷102％＋400万円÷102％÷102％÷102％）となる。正味売却価額880万円と使用価値860万円を比較すると，正味売却価額の方が大きいので，回収可能価額は880万円となる。この回収可能価額880万円と帳簿価額1,000万円を比較することで，減損損失120万円を算定することができる。減損損失を認識するための仕訳は，次のとおりである。

（借）	減 損 損 失(費用)	120万円	（貸）	備　　　　　品(資産)	120万円

　借方の減損損失という勘定科目が，減損として認識される費用である。その分だけ，備品という資産価値は減少しているということなので，貸方には，備品という資産の減少が記録されるのである。なお，貸方は，減損損失累計額という評価勘定（備品という資産の価値が減少していることを知らせるための勘定）にしても差し支えない。

　このように，減損方式による場合，減損の兆候があり，減損テストをクリアし，かつ回収可能価額が帳簿価額を下回るという限られたケースでのみ費用の認識がなされることになる。毎期必ず費用を認識しなければならない償却方式によるよりも費用計上額が少なくなることから実務にも広く受け入れられ，結

果的に企業結合会計がパーチェス法への一本化されることにつながったのである。

（4） のれんに対する減損会計の適用

　ところで，のれんに対して減損会計を適用するためには，一つ工夫が必要になる。というのも，のれんはその中身が特定できないからのれんとよばれているのである。ということは，帳簿価額は企業結合時に決まるとしても，正味売却価額や使用価値，あるいは将来キャッシュ・フローなどは，直接には決められない。では，どのようにすれば，のれんの減損損失を認識することができるのであろうか。この点を，**図表11-2**の設例を用いて確認してみたい。

図表11-2	のれんに対する減損会計の適用

設例　当社にはのれんも含めて3つの固定資産がある。のれんの減損損失を求めなさい。

（単位：万円）

	帳簿価額	兆候	割引前キャッシュ・フロー	回収可能価額
土地	400	あり	350	310
車両	300	なし	—	—
のれん	200	あり	不明	不明
会社全体（合計）	900		790	780

　まず，のれんについては減損の兆候が「あり」となっている。もちろん，中身が特定できないのれんについて，兆候の有無を単独で判断することは困難であろうが，他の資産とグループとしてみた場合には，その減損の兆候を見極めることができる。

　たとえば，このののれんが，かつて飲食店を合併した際に発生したものであるが，その飲食店部門が赤字に陥っているなどの見極めである。このようにのれんに減損の兆候ありと判断できても，さすがに割引前キャッシュ・フローや回収可能価額を算定することは不可能である。ゆえに，表の中でものれんについては，これらが「不明」と記載されている。割引前キャッシュ・フローや回収可能価額が不明である以上，単独で減損損失は算定できない。

　そこでどうするかであるが，結論からいえば，会社全体の減損損失をまずは算定し，そこから単独で減損損失を計算できる資産（本設例では土地）の減損損失を控除してやればよい。すなわち，会社全体の減損は120万円（＝帳簿価額900万円－回収可能価額780万円）であり，土地の減損は90万円（＝帳簿価額400万円－回収可能価額310万円）である。全体の減損が120万円であり，そのうち土地の減損が90万円ということは，残り30万円が逆算でのれんの減損だと判断することができるのである。

2　のれんの原因分析

　のれんの会計処理について，償却方式がとられていた時代には，ひとたび支払対価と認識済受入純資産の差額としてのれんが認識・測定されると，すぐさま，その全額をどう処理するのか，すなわち剰余金と相殺するのか，一定期間内に償却するのかという議論に進んでいた感がある。

　しかし，減損方式が導入されて以降は，一定の条件がそろわない限り，のれんが費用化され，減少することはなくなった。とすると，場合によっては，永久にのれんが貸借対照表上に残ってしまう可能性も出てきたのである。しかし，中身が特定できないものを永久に貸借対照表上に残しておくのは，どう考えても健全な会計処理ではないであろう。

　そのようなことから，のれんの中身が何であるのかを原因分析するべきである，という考え方が生まれてきた。すなわち，のれんの中身がブランドだというなら，ブランドが消失しない限り，のれんも減少させる理由はないということになる。のれんの中身が，残存期間5年の特許権だというなら，その部分は5年で減少させるのが合理的ということになる。のれんの原因分析を行えば，その後の会計処理もみえてくるというわけである。そこで，FASBは，2001年のSFAS141において，のれんの構成要素として，**図表11-3**にある6つを示した（B102パラグラフ）。

図表11-3	のれんの6つの構成要素

構成要素1：被取得企業の純資産についての簿価と公正価値の差額
構成要素2：被取得企業において未認識であったその他の純資産の公正価値
構成要素3：被取得企業の継続企業価値
構成要素4：結合当事企業間のシナジー効果
構成要素5：支払対価の過大評価部分
構成要素6：支払対価の過大払いまたは過少払い部分

設例 A社は，B社を吸収合併する。A社は支払対価として，株式20株（時価@20万円）を発行した。合併時点におけるB社の貸借対照表は次のとおりであった。

B社貸借対照表　　（単位：万円）

売　掛　金	100	借　入　金	50
土　　　地	100	資　本　金	150
	200		200

　以下，**図表11-3**の設例を用いて，6つの構成要素を詳しくみていこう。まず，設例で与えられた条件だけで受入仕訳を行うと，次のようになる。

（借）	売　掛　金 土　　　地 の　れ　ん	100万円 100万円 250万円	（貸）	借　入　金 資　本　金	50万円 400万円

　このように，のれんは，支払対価400万円（＝20株×@時価20万円）と，認識済受入純資産150万円（＝売掛金100万円＋土地100万円−借入金50万円）の差額として，250万円と計算される（「原因分析前ののれん」）。6つの構成要素に原因分析する考え方は，いわば，本当に中身を特定できない「のれん」なるものが250万円もあるのか，と疑ってかかろうというものである。

　そこで，原因分析を行った結果，まずはB社の土地の時価（公正価値）が130万円であったことが判明したとしよう。すると，受入仕訳における土地の価額は，100万円ではなく130万円が正しかったということになる。差額は30万円である。これが，構成要素1の「被取得企業の純資産についての簿価と公正価値の差額」である。これを受入仕訳に反映すると，のれんは220万円へと

減少することになる。

（借）	売　掛　金	100万円	（貸）	借　入　金	50万円
	土　　　地	130万円		資　本　金	400万円
	の　れ　ん	220万円			

　次に，経済産業省モデルおよび久留米大学モデルによって，B社の知的財産
を価値評価したところ，B社にはブランド90万円および特許権60万円があるこ
とが判明したとしよう。この合計150万円の知的財産の存在が，構成要素2の
「被取得企業において未認識であったその他の純資産の公正価値」にあたる。
これを受入仕訳に反映すると，のれんは70万円へと減少することになる。

（借）	売　掛　金	100万円	（貸）	借　入　金	50万円
	土　　　地	130万円		資　本　金	400万円
	ブ ラ ン ド	90万円			
	特　許　権	60万円			
	の　れ　ん	70万円			

　次に，A社が発行した株式の時価は＠20万円であったが，これは一過性の
ブームでついた時価であり，A社の本当の力を示すものではなく，A社株式の
実質的な価値は＠19万円であることが判明したとしよう。これが，構成要素5
の「支払対価の過大評価部分」である。A社株式が1万円だけ過大評価され
ていたというのだから，これを正しく修正すると，本当の支払対価は，400万
円ではなく，380万円（＝20株×＠19万円）であったということになる。これを
受入仕訳に反映すると，のれんは50万円へと減少することになる。

（借）	売　掛　金	100万円	（貸）	借　入　金	50万円
	土　　　地	130万円		資　本　金	380万円
	ブ ラ ン ド	90万円			
	特　許　権	60万円			
	の　れ　ん	50万円			

　次に，A社は，対価として20株を発行していたが，本来は20株も発行するの

は多すぎるのであり，妥当な発行数は，18株であることが判明したとしよう。これが構成要素6の「支払対価の過大払いまたは過少払い部分」である。発行した株式の数が2株多かったというのだから，これを正しく修正すると，本当の支払対価は342万円（＝18株×@19万円）であったということになる。

	売 掛 金	100万円		借 入 金	50万円
	土 地	130万円		資 本 金	342万円
（借）	ブ ラ ン ド	90万円	（貸）		
	特 許 権	60万円			
	の れ ん	12万円			

　ここまでのところで，構成要素の1，2，5および6の原因分析が完了したことになり，その結果，のれんとして残っているのは，あと12万円である。この12万円の中身が何であるのかであるが，FASBは，これを構成要素3の「被取得企業の継続企業価値」および構成要素4の「結合当事企業間のシナジー効果」であると説明している。

　ここで，継続企業価値とは，B社全体の価値が，単なる純資産合計を上回る部分のことである。すなわち，B社には，売掛金，土地，ブランド，特許権および借入金という純資産があるわけだが，B社の価値はその単純合計にとどまるわけではない，ということである。たとえば，社長のカリスマ性，社内で協力し合う従業員文化，立地条件の良さなどのさまざまな要素によって，B社の価値は，単なる純資産合計以上のものになるといえよう。この「単純合計以上のもの」のうち，特定の知的財産として識別できるものについては，すでに構成要素2として認識してあるはずである（本設例ではブランド90万円，特許権60万円）。ということは，継続企業価値は，特定の知的財産としては識別できない要素ということになる。

　シナジー効果とは，A社単独およびB社単独では存在しないが，両社が一緒になると生まれる要素である。よく引き合いに出される例は，養蜂場と果樹園の合併である。養蜂場にとっては，蜂に吸わせる果物を外部から購入する必要がなくなるし，果樹園にとっては，蜂が受粉をしてくれるため，人手で受粉作業する必要がなくなるという双方にとってのメリットが生まれるわけである。

　結局，構成要素3と4の継続企業価値およびシナジー効果こそがのれんということになるので，FASBはこれらを「コアのれん」とよんでいる。以上のことを，まとめると**図表11-4**のとおりである。

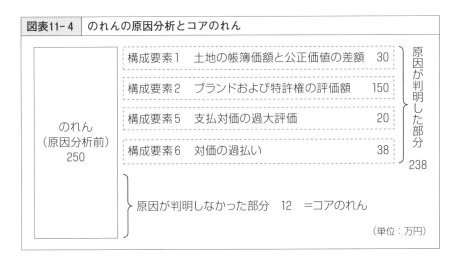

| 図表11-4 | のれんの原因分析とコアのれん |

のれん（原因分析前）250

構成要素1　土地の帳簿価額と公正価値の差額　30
構成要素2　ブランドおよび特許権の評価額　150
構成要素5　支払対価の過大評価　20
構成要素6　対価の過払い　38

原因が判明した部分　238

原因が判明しなかった部分　12　＝コアのれん

（単位：万円）

3　のれんと知的財産

　のれんの原因分析において，知財会計の立場からみてもっとも重要なのは，構成要素2であろう。構成要素2でいかに多くの知的財産を価値評価できるかが，結局は最終的にコアのれんとして残る部分の金額を決めることにもなる。

　この点につき，FASBは，原因分析すべき知的財産（もう少し広く無形資産（インタンジブルズ）といっている）を例示列挙している（**図表11-5**）。

　かなり幅広く列挙しており，このすべてにつき価値評価を行うのは極めて困難であると思われるが，ともかくもFASBはこれだけの項目を原因分析の構成要素2として評価すべきと考えているわけである（詳細は，FASBのASC805-20-55を参照）。

　いずれにせよ，のれんにつき，その原因分析を行い，構成要素2として知的財産を認識・測定しなければならないことが確かであるなら，受入仕訳の段階から知的財産を認識・測定すべきであるといえよう。この点を，　**図表11-6**の

156

図表11-5	FASB が示すインタンジブルの種類

マーケティング関連のインタンジブルズ
- (1) トレード・マーク（商標），トレード・ネーム（商号）
- (2) サービスマーク（役務標章），コレクティブマーク（団体標章），サーティフィケイションマーク（証明標章）
- (3) 商品包装（独自の色，形またはパッケージデザイン）
- (4) 新聞のマストヘッド
- (5) インターネット・ドメインネーム
- (6) 競争制限協定

顧客関連のインタンジブルズ
- (1) 顧客リスト
- (2) 受注残高または生産残高
- (3) 顧客契約およびこれに関連する顧客関係
- (4) 契約によらない顧客関係

芸術関連のインタンジブルズ
- (1) 演劇，オペラ，バレエ
- (2) 書籍，雑誌，新聞その他に係る著作権
- (3) 作曲，作詞，コマーシャルソングなどに係る音楽著作権
- (4) 絵画，写真
- (5) 動画，ミュージックビデオ，テレビ番組をはじめとする映像および音響作品

契約に基づくインタンジブルズ
- (1) ライセンス，ロイヤリティ，スタンドスティル契約
- (2) 広告，請負建設，管理，役務提供または商品納入契約
- (3) リース契約
- (4) 建設許認可
- (5) フランチャイズ契約
- (6) 事業権および放映権
- (7) 掘削，水資源，大気，鉱物資源，森林伐採および道路使用などに係る使用権
- (8) 抵当回収事務契約などの回収契約
- (9) 雇用契約

技術に基づくインタンジブルズ
- (1) 特許権を取得した技術
- (2) コンピュータ・ソフトウェアおよび半導体作製のための遮蔽板
- (3) 特許権を取得していない技術
- (4) 権原証明書類をはじめとするデータベース
- (5) 秘密の製造工程，プロセス，レシピなどの取引上の秘密

図表11- 6	受入仕訳における知的財産の認識・測定

A社は，期首にB社を吸収合併した。A社は，この合併にあたり，新株900株（1株当たりの時価30百万円）を発行した。合併時点におけるA社およびB社の貸借対照表は次のとおりであり，認識済受入純資産および未認識受入純資産の公正価値は，次のとおりであった。

認識済受入純資産：B社の土地の時価は，5,400百万円であった。

未認識受入純資産：B社の知的財産を価値評価したところ，ブランド5,000百万円，特許権7,800百万円の存在が明らかになった

A社貸借対照表　（単位：百万円）

売　掛　金	4,500	借　入　金	3,500
棚 卸 資 産	2,000	資　本　金	10,000
建　　　物	5,000	利益剰余金	4,500
土　　　地	6,500		
	18,000		18,000

B社貸借対照表　（単位：百万円）

売　掛　金	2,700	借　入　金	3,500
棚 卸 資 産	1,000	資　本　金	8,000
建　　　物	6,000	利益剰余金	3,000
土　　　地	4,800		
	14,500		14,500

設例で確認してみよう。

　この設例で，認識済受入純資産に建物の時価を反映させているのは，実は，原因分析の構成要素1を行うためである。これと同じように，「未認識受入純資産」としてブランドや特許権などの知的財産を構成要素2として認識・測定しようというわけである。ただ，難しいのは，認識済みである土地はB社の貸借対照表上に存在するのであるから，要するに時価を求めさえすればよいのに対して，知的財産はB社の貸借対照表上には存在していないのであるから，まずはB社にどんな知的財産が存在しているのかを認識し，しかる後に価値評価モデルを用いて金額をつけなくてはならない点である。まさに知財会計論の研究成果が試される場面であるといえよう。

158

（A社における受入仕訳）

（借）	売　掛　金 棚　卸　資　産 建　　　物 土　　　地 ブ　ラ　ン　ド 特　許　権 の　れ　ん	2,700百万円 1,000百万円 6,000百万円 5,400百万円 5,000百万円 7,800百万円 2,600百万円	（貸）	借　入　金 資　本　金	3,500百万円 27,000百万円

　A社における受入仕訳はこのようになる。構成要素5および6は存在しないとすると、このれん2,600百万円は「コアのれん」ということになる。このように、受入仕訳において資産および負債の金額を定めることを「原初認識（げんしょにんしき）」という。

　原初認識後の会計処理はどうなるのかであるが、すでに述べたように、のれんは減損会計の対象として会計処理されていくことになる。ブランドおよび特許権は、その中身に即して会計処理を考えていくことになる。ブランドは、これを毀損するような事象が起こらない限り、その価値が減少するものではない。したがって、価値の減少がある場合にのみ、その資産価額切り下げを行う減損会計の対象にするのが、あるべき会計処理であろう。特許権については、残存権利期間にわたって償却するのがあるべき会計処理であろうと思われる。

（原初認識後の会計処理：のれんとブランドに減損の兆候はなく、特許権の残存権利
　期間は5年である場合）

（借）	特許権償却（費用）1,560百万円	（貸）	特　許　権（資産）1,560百万円

　このように、知的財産の価値評価は、貸借対照表上で資産として認識される金額を左右するばかりではなく、その償却または減損会計を通じて、損益計算書上の利益にも影響を及ぼすことになる。近年における知的財産の金額の重要性もあわせて考えると、知的財産の原初認識を適切に行うことが極めて重要であるといえよう。

練習問題・11

問1　減損会計に関する次の文章を読み，空欄に当てはまる語句を答えなさい。

　減損会計は，固定資産の会計処理の1つとして導入されているものであり，そこには3つのステップがある。

　最初ステップは，減損の（　ア　）の有無の確認である。減損の（　ア　）とは，対象資産を用いた事業の経営環境が悪化したとか，対象資産の時価が著しく下落したなどの事象のことである。（　ア　）がなければ，減損会計は実施されない。（　ア　）があれば，次のステップである（　イ　）に進む。

　（　イ　）では，対象となる固定資産の（　ウ　）が，（　エ　）を下回っているかどうかを確認する。下回っていなければ，やはり減損会計は実施されない。下回っていれば，最後のステップである減損損失の認識へと進む。減損損失は，対象となる固定資産の（　オ　）が，（　エ　）を下回っている場合の両者の差額として求められる。なお，（　オ　）は，（　カ　）価額と（　キ　）価値のいずれか大きい方として算定する。

ア	イ	ウ	エ

オ	カ	キ

問2　次の資料に基づいて，設問に答えなさい。

> 　ある固定資産に関する情報は次のとおりである。計算の結果生じる端数は切り捨てる。
> 　　　　　　　　　　　　　　　　　　　　　　　　　　　（単位：万円）
> 　①　残存耐用年数3年　　②　取得原価10,000　　③　減価償却累計額2,000
> 　④　割引率（市場）3％　　⑤　割引率（当社に固有）4％
> 　⑥　将来キャッシュ・フロー　1年後＝4,000，2年後＝2,000　3年後＝1,300
> 　⑦　市場価格は4,500まで下落している　　⑧　正味売却価額4,300

　⑴　減損の兆候はあるか。

　⑵　帳簿価額はいくらか。

　⑶　減損テストにおいて帳簿価額と比較する金額はいくらか。

　⑷　使用価値はいくらか。

(5) 減損損失はいくらか。

(1)	(2)	(3)

(4)	(5)

問3　次の資料に基づいて，のれんの減損損失を求めなさい。

(単位：万円)

	帳簿価額	兆候	割引前キャッシュ・フロー	回収可能価額
備品	400	あり	350	310
建物	300	あり	305	285
のれん	200	あり	不明	不明
会社全体（合計）	900		790	780

問4　次の資料に基づいて，設問に答えなさい。

A社は，期首にB社を吸収合併した。A社は，この合併にあたり，新株400株（1株当たりの時価20百万円）を発行した。B社の土地の時価は2,300百万円であり，また未認識受入純資産として意匠権1,500百万円があった。意匠権の残存権利期間は3年であった。

B社貸借対照表　（単位：百万円）

受 取 手 形	3,000	借 入 金	1,500
棚 卸 資 産	1,000	資 本 金	4,500
土 　 　 地	2,000		
	6,000		6,000

(1) A社における受入仕訳を示しなさい。
(2) 原初認識後，最初の決算における意匠権の処理を，仕訳で示しなさい。

(1)

（借）		（貸）	

(2)

（借）		（貸）	

問5　次の(1)〜(6)は，FASB が掲げるのれんの構成要素 1 から 6 のいずれに該当するか，構成要素の番号で答えなさい。

(1)　合併に際して発行する株式の数が多すぎた。　　　　　　　☐

(2)　当社は豆腐メーカーであり，被取得企業は大豆加工業者である。　☐

(3)　貸借対照表には載っていないが，被取得企業には顧客リストや優秀な販売チャネルなどの知的財産がある。　☐

(4)　合併に際して発行した株の単価が，当初考えていたより低かった。　☐

(5)　貸借対照表に載っている被取得企業の土地の時価が，帳簿価額よりも高かった。
　　　　　　　　　　　　　　　　　　　　　　　　　　　　　☐

(6)　被取得企業には，真剣に仕事に取り組む従業員文化がある。　☐

第12章

知財会計の展開⑶：取得法

Focus

　第10章でみたように，企業結合会計の会計処理方法は，2001年にパーチェス法に統一され，また，第11章でみたように，のれんの処理方法は，償却方式から減損方式へと変更された。これで，企業結合会計およびのれん会計をめぐる議論は一段落ついたものと思われた。

　ところが，そのわずか6年後の2007年に，FASB および IASB（国際財務報告審議会：International Accounting Standard Board）は，共同で「取得法への変更」を中心とする新しい企業結合会計基準（SFAS141 (R)，IFRS 3 (R)）を公表した。これによって，企業結合の会計処理方法は，パーチェス法から取得法へと大きく変更されることになり，また，このことが知財会計の議論に極めて大きな影響を及ぼすことになった。

1　受入純資産の評価

　取得法には，いくつかの特徴があるが，中でも最大のものは，企業結合会計の考え方を「取得原価主義会計」から「全面公正価値会計」へと大きくシフトさせたことであるように思われる。この2つの会計の相違は，受入純資産の評価に色濃く表れてくる。

　まずは，現行日本基準が規定するパーチェス法からみてみよう。そこでは，「取得の対価（支払対価）となる財の企業結合日における時価」をもって受入純資産を評価するよう規定されている（「企業結合に関する会計基準」第23項）。この意味であるが，たとえば，ある企業結合において，受入純資産が売掛金，土地，ブランドの3つであり，支払対価として時価100の株式を100株発行した

としよう。この場合，支払対価の時価は10,000（＝@100×100株）となるので，売掛金，土地およびブランドの金額は合計10,000と評価するということである。

では，この３つの受入純資産のそれぞれの金額をどうするかであるが，これは「企業結合日時点において識別可能なもの（識別可能資産及び負債）の企業結合日時点の時価を基礎として，当該資産及び負債に対して企業結合日以後一年以内に配分」（第28項）することとされている。少し難しい表現であるが，企業結合日の時価を基礎というのだから，まずは時価をみる必要がある。ここでは，売掛金が3,000，土地が4,000，ブランドが2,000であったとする。基準の文言は，「基礎として……（中略）……一年以内に配分」となっている。何を配分するのかというと，支払対価である。ということは，10,000の支払対価を３つの資産の時価を基礎に配分するということになる。ところで，３つの資産の時価の合計は9,000（＝売掛金3,000＋土地4,000＋ブランド2,000）である。ということは，支払対価10,000を配分すると1,000余ることになる。この1,000が「のれん」なのである。

このように，パーチェス法のもとでは，受入純資産が時価（公正価値）で認識されるが，それは支払対価を個々の受入純資産に配分した結果なのである。したがって，受入純資産の評価額の合計は支払対価と完全に一致する。その意味で，パーチェス法におけるキーワードは，「支払対価」であり，「原価配分」である（**図表12- 1**）。

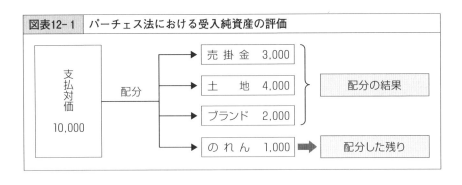

図表12- 1　パーチェス法における受入純資産の評価

これに対して，取得法を規定する米国基準（現行基準「ASC805」）は，受入純資産の認識につき「取得した識別可能資産，引き受けた識別可能負債および

被取得企業における非支配株主持分を，のれんとは切り放して認識しなければ
ならない」（第20-25-1項）とし，その測定については，「取得した識別可能資産，
引き受けた識別可能負債および被取得企業における全ての非支配株主持分を，
その取得時における公正価値で測定しなければならない」（第20-30-1項）とし
ている。これも難しい表現であるが，原価配分とか支払対価といったパーチェ
ス法の用語はなく，むしろ２つの文章から「取得した資産，負債を……（中
略）……認識し……（中略）……公正価値で測定しなければならない」という
キー・フレーズを読み取れるであろうか。要するに，極めてシンプルに，受入
純資産を公正価値評価せよと規定しているわけである。

　たとえば，先の例では，売掛金，土地，およびブランドは，その時価（公正
価値）がそれぞれ，3,000，4,000および2,000だから，そのとおり評価すると
いうことである。別の例で，売掛金，土地，およびブランドの時価（公正価
値）がそれぞれ5,000，6,000および3,000なのだとしたら，支払対価が10,000
であることとは全く無関係に，それはそれで，そのまま評価するわけである
（図表12-2）。

図表12-2　取得法における受入純資産の評価

　このように取得法のもとでは，受入純資産の評価額を決定する根拠は，その
公正価値にあるのであって，支払対価はこれとは無関係である。その意味で，
取得法におけるキーワードは「公正価値評価」である。

2　バーゲン・パーチェスによる利得

「バーゲン・パーチェスによる利得」とは，受入純資産が，支払対価を上回る部分のことである。たとえば，受入純資産が合計10,000であり，支払対価が8,000である場合には，バーゲン・パーチェスによる利得は，2,000（＝10,000－8,000）となる。これは，従来，「負ののれん」などとよばれてきたものである。このバーゲン・パーチェスによる利得は，パーチェス法と取得法の違いがもっとも顕著に表れる領域の1つである。

　まず，パーチェス法のもとでは，バーゲン・パーチェスによる利得は，その存在自体がありえない。どういうことかといえば，パーチェス法の考え方は，支払対価の額をもって，（のれんも含めた）受入純資産の評価額とするものであるから，支払対価と受入純資産との間に差額が生じることはあり得ないからである。事実，パーチェス法を規定していたかつてのアメリカ基準も，この姿勢を堅持していた（SFAS141, pars. 44-45）。この点を，次の**図表12-3**の設例を用いて確認してみよう。

図表12-3	**受入純資産が支払対価を超過する額**

> **設例**　A社は，B社を吸収合併し，支払対価として，株式500株（@20）を発行した。B社からの受入純資産の時価は，売掛金が5,000，土地が6,000，ブランドが3,000であった。

　この設例の場合，パーチェス法に基づいて，支払対価である10,000（＝@20×500株）を受入純資産の時価をベースに配分しようとしても，配分する額（10,000）よりも，配分される額（3つの資産の時価の合計14,000）の方が4,000も大きいので，配分できないという問題に直面する。そこで，この超過する4,000を一度「負ののれん」として計上し，その後に，各資産からこの超過する4,000を「按分控除」するのである。難しいので，先に結論を示そう。

（Ａ：一度「負ののれん」を計上する）

| （借） | 売　掛　金
土　　　地
ブ ラ ン ド | 5,000
6,000
3,000 | （貸） | 資　本　金
負ののれん | 10,000
4,000 |

（Ｂ：その後の「按分控除」）

| （借） | 負ののれん | 4,000 | （貸） | 売　掛　金
土　　　地
ブ ラ ン ド | 1,429
1,714
857 |

　　まず，Ａの仕訳は，受入純資産を計上するとともに，支払対価としての株式発行を認識するものであるが，このままだと受入純資産としての３つの資産の合計は14,000であり，支払対価である10,000を超えてしまう。そこで，Ｂの仕訳で，この超過額4,000を，受入純資産である３つの資産の金額からバランスよく控除するのである。このバランスよくという部分が按分なのであるが，考え方は，売掛金，土地およびブランドの金額の大小に応じて超過額を減らしていこうというものである。計算式は，たとえば，売掛金については，「超過額

$$4{,}000 \times \frac{\text{売掛金}5{,}000}{\text{売掛金}5{,}000 + \text{土地}6{,}000 + \text{ブランド}3{,}000}$$ という計算で1,429とい

う金額を算出し，これを売掛金から控除するのである。土地およびブランドについても同様の計算で，それぞれ1,714および857を算出し，これを控除している。このように控除した結果，売掛金は3,571（＝時価5,000－控除1,429），土地は4,286（＝時価6,000－控除1,714），ブランドは2,143（＝時価3,000－控除857）となり，これらを合計すると支払対価10,000とピタリと一致することになる。以上の計算を一度に行い，受入仕訳も１つの仕訳として次のように行うこともできる。

（一本化したパーチェス法の仕訳）

| （借） | 売　掛　金
土　　　地
ブ ラ ン ド | 3,571
4,286
2,143 | （貸） | 資　本　金 | 10,000 |

　この仕訳をみてみると，受入純資産の金額が不思議な数字になっていることがわかる。少なくともいえることは，これらの金額は時価を表しているわけではない。しかし，一方で，受入純資産の合計額という意味では，支払対価の10,000と一致している。すなわち，パーチェス法は，結果として，このような不思議な金額が算定されようとも，それでも支払対価10,000で受入純資産を評価するという「取得原価主義」を貫いているといえよう。

　これに対して，取得法は，受入純資産をその時価（公正価値）で評価するものであり，かかる受入純資産の評価と支払対価の金額は無関係である。ということは，受入純資産の評価額が支払対価を上回っても，そのことは何ら問題ではないと考えられるのである。その際の差額を「バーゲン・パーチェスによる利得（りとく）」といい，次の仕訳のように収益として会計処理する。

（取得法における受入仕訳）

（借）	売　掛　金	5,000	（貸）	資　本　金	10,000
	土　　　地	6,000		バーゲン・パーチェスによる利得(収益)	4,000
	ブ ラ ン ド	3,000			

　このように，取得法のもとでは，受入純資産をその公正価値で評価することになる。また，考え方としては，10,000相当の株式の発行（対価の支払い）と引き換えに14,000相当の純資産を取得しているわけであるから，4,000のもうけ，すなわち収益があがったということである。ここに，取得法が全面公正価値会計に依拠するといわれる理由がある。

　なお，現行会計基準に即していうと，パーチェス法を採用する日本の現行基準も，受入純資産が支払対価の公正価値を上回る部分については，（取得原価の配分の適切性を確認したうえで）「負ののれん発生益（はっせいえき）」とか「格安購入益（かくやすこうにゅうえき）」などの勘定科目で，これを収益として計上するよう規定している（「企業結合に関する会計基準」第33項）。したがって，いわゆる負ののれんについては日本基準も取得法と同じ考え方によっているといえよう。

3　取得法が知財会計にもたらす影響

　取得法の処理は，知財会計にかなり大きな影響をもたらすといってよいように思われる。なかでも最大の影響は，知的財産の価値評価の重要性が，パーチェス法の時代に比べて格段に上昇することである。すなわち，パーチェス法のもとで「原価配分」の一環として行う知的財産の価値評価と，取得法のもとで「全面公正価値評価」の一環として行う知的財産の価値評価とでは，求められるレベルがまるで違うのである。以下，**図表12-4**の設例を用いて詳しく説明しよう。

図表12-4	パーチェス法と取得法での知的財産価値評価の相違

　企業結合前に，認識済純資産として土地300のみを有する企業を，新株70株（@10）を発行して吸収合併した。被取得企業には，上記の土地以外に，未認識の知的財産として，技術資産200，ブランド150，および製造プロセス120がある。

　まず，パーチェス法の場合には，受入仕訳において認識しなければならない純資産の総額は，はじめから決まっている。すなわち，支払対価が700（＝@10×70株）であり，認識済純資産は土地300であるから，原価配分として認識しなければならない純資産の金額は400である。パーチェス法では，最大限この400まで原価配分を行えばよいわけである。その場合には，いくつかの状況が考えられる。

　まず，被取得企業が保有する知的財産の価値評価が困難を極め，何一つ認識・測定ができない状況である。その場合，最悪，次の仕訳のように，評価が困難あるいはもとより識別不能な部分は，これをすべてのれんにしてしまうことができる。

（知的財産の価値評価が行えない状況）

| （借） | 土　　　　地 | 300 | （貸） | 資　本　金 | 700 |
| | の　れ　ん | 400 | | | |

　次に，技術資産とブランドの2つを知的財産として認識できたが，実際にオ

ン・バランスに踏み切れるのは経済産業省モデルで価値評価できるブランドだけとする保守的な選択をする状況では，

（知的財産について保守的な価値評価を選択する状況）

（借）	土　　　地	300	（貸）	資　本　金	700
	ブランド	150			
	の　れ　ん	250			

という受入仕訳にすることもできる。さらに，少し強気に技術についても価値評価できると判断できる状況では，

（技術資産まで価値評価する状況）

（借）	土　　　地	300	（貸）	資　本　金	700
	技 術 資 産	200			
	ブランド	150			
	の　れ　ん	50			

となる。はたまた，かなりアグレッシブに製造プロセス（製造手順の優秀さ）まで価値評価できると判断できる状況では，

（知的財産についてアグレッシブな価値評価に臨む状況）

（借）	土　　　地	273	（貸）	資　本　金	700
	技 術 資 産	182			
	ブランド	136			
	製造プロセス	109			

という仕訳になる（負ののれんが発生するので，これを按分控除している。按分控除については章末の注を参照）。

　これら4つの受入仕訳は，認識する知的財産の範囲こそちがうものの，いずれもその総額が700である点では同じである。確かに，認識できる知的財産の範囲が広い方が，企業結合後の企業の実態を情報開示する観点からも望ましいし，知的財産の種類ごとに適切な期間で償却をしたり，あるいはのれんに減損会計を適用したりと，事後の会計処理の面でも望ましいとはいえる。しかし，

いずれにしても，資産総額ははじめから700と決まっているわけであるし，どのような知的財産を計上するにしても，通算した損益は変わらないという意味で，原因分析による知的財産の認識がもつ重要性は限定的である。

　これに対して，取得法のもとでの知的財産の評価は決定的に重要である。支払対価が金額の上限を決めるわけではないので，いわば青天井で一から評価を積み重ねていく必要がある。しかも，公正価値での評価は「容認」ではなく「強制」なのであるから，否応なしに，次の仕訳によって，あらゆる受入純資産を公正価値で認識するとともに，収益として「バーゲン・パーチェスによる利得」70を計上しなくてはならない。

（取得法による受入仕訳）

（借）	土　　　　　地	300	（貸）	資　本　金	700
	技 術 資 産	200		バーゲン・パーチェスによる利得	70
	ブ ラ ン ド	150			
	製造プロセス	120			

　このように，そうでなくても困難な知的財産の公正価値評価を青天井で行わなくてはならないうえに，その評価額が支払対価を上回った場合には，収益が計上されるのであるから，知的財産の価値評価の重要性はパーチェス法におけるそれの比ではない。

　どの会計領域にもいえることではあるが，収益が発生するということは，その分だけ，利益が増えるということである（収益－費用が利益である）。利益が増えるということは，その情報によって，株価が動いたり，取引先や金融機関からの信用度が上下したり，従業員の給料が上下したりと，ビジネス上で大きな影響がでるばかりではなく，その利益に課税が行われたり，配当金支払いの根拠になったりと，企業の資金の動きにも直接に影響が出てくる。

　このように，知的財産の価値評価額によって，バーゲン・パーチェスによる利得の額が変わり，それが利益の金額を左右するのであるから，取得法時代の知的財産価値評価には，その適用範囲の拡大はもとより，利益計算に耐えうるような高度な客観性や正確性を備えた数値を算定できる能力が求められるといえよう。

4　取得費用の会計処理

　取得法によって大きく変更になった領域に，「取得費用」の会計処理がある。ここで，取得費用とは，企業結合を行うにあたって必要となった諸費用のことであり，具体的には，デューデリジェンスとよばれる企業結合に先立って行われる相手企業への調査に必要なコストや，弁護士，公認会計士などの専門家への報酬，社内における企業結合準備費用などが含まれる。

　パーチェス法のもとでは，これらも企業結合にあたって必要な支払対価の一部であると考えられてきた。したがって，取得費用に相当する金額も受入純資産の取得原価の一部に含める処理が行われてきたのである。

　これまでに，会計を勉強してきた中で，資産を購入するさいにかかる「付随費用」は資産の取得原価に含める，ということを学んだことがあると思う。たとえば，土地を300万円で購入し，登記費用30万円とともに現金で支払った，などの取引である。この取引では，土地を330万円と記録するのが正解であったはずだ。企業結合における取得費用もこれと全く同じである。

| （借） | 土　　　　地 | 330 | （貸） | 現　　　金 | 330 |

　ところが，取得法の導入によって，この取得費用は，独立の費用として処理し，いいかえれば受入純資産の取得原価には含めないことになった。なぜ，含めないことになったのか。その理由は，取得法は，受入純資産をその公正価値で評価する考え方であるからである。受入純資産の公正価値は，文字通りその純資産の時価などの取引価額であって，これと付随費用とは関係ないからである。先の例を，取得法で会計処理すれば，次のとおりである。

| （借） | 土　　　　地
取 得 費 用 | 300
30 | （貸） | 現　　　金 | 330 |

　この会計処理による場合，取得費用が増えれば増えるほど，費用が増加し，利益を圧迫することになる。とりわけ，取得法のもとでは，知的財産の公正価値評価が重要になってくるし，その評価の幅も各段に広がるわけであるから，

知的財産の価値評価の専門家（「評価鑑定人」などとよばれるコンサルタント，公認会計士などである）への報酬も多額にのぼることが予想される。

次の**図表12-5**の財務諸表（損益計算書）は，あるアメリカ企業のものである。

図表12-5	アメリカ企業にみる取得費用の重要性

連結損益計算書（単位：百万ドル，括弧内は費用または損失）

	2010	2009
売上高	$166.6	$184.7
売上原価	($124.9)	($138.1)
販売費及び一般管理費	($39.6)	($42.3)
取得費用	($2.6)	—
リストラ費用	($0.3)	—
営業利益（損失）	($0.8)	$4.3

2010年に取得費用が2.6百万ドル計上されている。この金額は，2010年のこの会社の売上高の1.56％（＝2.6百万ドル÷166.6百万ドル×100），売上原価の2.08％（＝2.6百万ドル÷124.9百万ドル×100），販売費及び一般管理費の6.56％（＝2.6百万ドル÷39.6百万ドル×100）である。パーセントだけをみるとそれほど大きな額ではないようにもみえる。しかし，1件の企業結合のためにかかった費用と考えれば，年間の販売費及び一般管理費の6.56％というのは決して小さい額ではない。そして，それ以上に注目してもらいたいのが，2010年の営業損失の額である。0.8百万ドルとなっている。

ここで，もしこの企業結合がパーチェス法によって処理されていたら，営業利益はどうなっていたであろうか。パーチェス法では，取得費用は受入純資産の取得原価に含められたはずである。つまり，費用ではなく資産になったはずである。であれば，同額だけ利益が大きかったはずであるから，2010年は，営業損失ではなく，1.8百万ドルの営業利益（＝営業損失0.8百万ドル−取得費用2.6百万ドル）が計上されていたことになる。このように，取得費用は，黒字企業を赤字企業に転落させるだけのインパクトがあるのである。

［第12章末注］

　パーチェス法のもとでは，受入純資産の評価額は，支払対価の金額と一致していなければならない。ここでは，支払対価が700なのであるから，受入純資産である，土地，技術資産，ブランドおよび製造プロセスの合計額は，必ず700でなくてはならない。しかし，それぞれの公正価値を合計すると，770（＝土地300＋技術資産200＋ブランド150＋製造プロセス120）になってしまう。つまり，70だけ超過してしまうのである。この超過分を「負ののれん」などとよぶこともあるが，いずれにしても，この超過額70は解消させなくてはならない。そのための計算が按分控除である。

　按分控除の計算では，合計770のものを700まで減額するために，4つの資産の金額を比例的に減額する必要がある。そのためには，各資産の金額に対して，$\frac{700}{770}$ を乗じてやればよい（小数点以下四捨五入）。

　かくして，土地は $300 \times \frac{700}{770} = 273$，技術資産は $200 \times \frac{700}{770} = 182$，ブランドは $150 \times \frac{700}{770} = 136$，そして製造プロセスは $120 \times \frac{700}{770} = 109$ となる。

練習問題・12

問1　次の文章の空欄に当てはまる用語を答えなさい。

　2001年にSFAS141によって，（　ア　）法が廃止された。これによって，企業結合の会計処理方法が（　イ　）法に一本化されることになった。しかし，これがさらに2007年のSFAS141（R）によって，（　ウ　）法に変更されることになった。（　ウ　）法の基本的な考え方は，その測定原則にあらわれている。すなわち，「取得企業は，取得した識別可能資産，引き受けた識別可能負債を，その取得時における（　エ　）で測定しなければならない」という原則である。

　これによって，企業結合会計については，支払対価に基づく取得原価主義が放棄された。そのために，知的財産の価値評価が，決定的に重要な意味を持つようになった。その証拠に，企業結合関連コストについても，「これを発生した期の（　オ　）として処理しなければならない」こととなった。

ア	イ	ウ	エ	オ

問2　取得企業（A社）は，被取得企業（B社）を，現金1,600百万円で買収した。買収時点におけるB社の貸借対照表には，土地900百万円のみが計上されていた。B社の土地の時価（公正価値）は，1,200百万円であった。なお，B社には，特許権200百万円とブランド100百万円がある。

　①　パーチェス法によって仕訳せよ。

（借）		（貸）	

　②　取得法によって仕訳せよ。

（借）		（貸）	

問3　取得企業（A社）は，被取得企業（B社）を，現金1,200百万円で買収した。買取時点におけるB社の貸借対照表には，土地900百万円のみが計上されていた。B社の土地の時価（公正価値）は，1,200百万円であった。なお，B社には，特許権200百万円とブランド100百万円がある。

①　パーチェス法によって仕訳せよ。

（借）		（貸）	

②　取得法によって仕訳せよ。

（借）		（貸）	

問4　次のB社を現金2,000で買収した。

B社　　　　　（単位：百万円）

土　　地	900	

土地の公正価値は1,200百万円である。なお，B社には知的財産としてブランドと特許権がある。それぞれの評価の幅は下記のとおりであった。

（単位：百万円）

	保守的な評価	中央値	楽観的な評価
ブランド	140	270	400
特許権	180	360	900

①　次の指示に従って，パーチェス法の仕訳を示しなさい。
　⒜　知的財産は計上しない

（借）		（貸）	

(b)　ブランドと特許を保守的に計上する

（借）		（貸）	

(c)　ブランドと特許を楽観的に計上する

（借）		（貸）	

②　取得法の仕訳を示しなさい。なお，ブランドは360百万円，特許権は890百万円が公正価値であると決した。

（借）		（貸）	

第13章

むすびにかえて：知財会計の課題と展望

Focus

　以上，本書では，知的財産とは何かをみたうえで，知的財産がビジネスにおいて重要性を増していることを確認し，その知的財産をビジネスの成功につなげるためには価値評価が大切であるとして，インターブランド社モデル，経済産業省モデルおよび久留米大学モデルを取り上げた。また，知財会計のこれまでの展開を振り返り，パーチェス法，持分プーリング法および取得法という3つの会計処理方法をみるとともに，知的財産に密接に関連するのれんおよび負ののれんの会計処理についてもあわせてみてきた。

　そうするなかで，読者の皆さんには，知財会計のこれまでの展開と現状については理解していただけたのではないかと思う。その一方で，知財会計にはまだまだ未解決な問題が多く，むしろその議論は，緒に就いたばかりではないかと感じられた読者も多いのではないかと思う。まさしく，そのとおりである。知財会計は，他の会計領域とは違って，全く成熟しておらず，その先には課題が山積している。そこで，知財会計の課題と展望を示すことで，本書の結びとしたい。

1　買入知的財産と自己創設知的財産の会計処理の相違

　現行会計基準のもとでは，買入知的財産と自己創設知的財産とでは，その会計処理が著しく異なっていた。すなわち，買入知的財産については，取得法の導入に伴って，どんどんその認識の範囲が拡大してきている。古くは，持分プーリング法のもとで全く認識されなかったし，パーチェス法のもとでも，支

払対価と認識済受入純資産の差額はすべてのれんとされた時代が長く続いていたが，それに比べると，現在の取得法のもとでの買入知的財産の認識にはめざましい発展がある。知的財産に関して詳細な開示をしているいくつかのアメリカの事例を紹介しよう。いずれも2018年3月期の10-K（アメリカの有価証券報告書）が情報の出所である。

　Cintas社は，サービス契約資産519千ドル，トレードネーム17千ドルの合計536千ドルを未認識受入純資産として認識した旨を開示したうえで，その評価の方法につき，サービス契約資産についてはインカムアプローチを適用し，9.5％の割引率を適用して将来キャッシュ・フローを現在価値に割り引いたとしている。社内価格決定モデルおよび加重平均資本コストを加味して9.5％の割引率を用いたという。また，トレードネームについては，免除ロイヤリティ法を採用したという。

　Neogen社は，3年の間に8件の企業結合を行い，その中で45.4百万ドルの未認識受入純資産を認識したという。内訳の開示こそ，トレードマーク2.9百万ドル以外はその他でまとめられているが，これら未認識受入純資産が受入純資産全体に占める割合が，実に約81％に及んでいる。そのくらい，多額の知的財産を企業結合に際して新たに認識しているということである。

　Worthington社は，顧客関係資産91百万ドル，トレードネーム62百万ドル，技術資産13百万ドルの合計166百万ドルを未認識受入純資産として認識した（受入純資産合計に占める割合は約57％）としたうえで，統合労働力や継続企業価値も企業結合交渉の過程で買収価額の決定に際して加味し，これらがのれんの構成要素となっている旨も開示している。この3社の事例をみても，買入知的財産が幅広く認識されていることがわかるし，顧客関係資産や技術資産など，評価が困難と思われる種類の知的財産の評価にも盛んなチャレンジがなされていることがわかる。

　これに対して，自己創設知的財産の認識，測定はどうであろうか。こちらは，結論からいうと，何も進展していないといわざるを得ない。なにせ，会計基準が研究開発にかかるコストを費用処理するよう規定しているのだから，研究開発を通じて創設される知的財産については，資産計上の余地が全くないままなのである。

　会計基準はおいておくとしても，知財会計の研究や議論のなかですら，自己創設知的財産の資産計上に消極的な見解が少なくないのが現状のようである。すなわち，筆者は，自己創設知的財産の資産計上が進まないのは，知的財産の価値評価モデルが十分に形成されていないことが理由であると考えてきたが，どうやらことはそう単純ではないようである。たとえば，**図表13-1**のような議論がなされている。

図表13-1　自己創設知的財産の資産計上に消極的な見解

① 　資産計上をするか否かの判断，するとすれば再評価法を適用するかどうかなど，経営者の判断の余地が大きすぎ，財務諸表の信頼性や比較可能性を低下させてしまう。

② 　ある支出が行われた段階を「研究段階」と判断するか「開発段階」と判断するかによって結果が著しく違ってくる。

③ 　実証研究によれば，破産寸前の企業ほど無形資産のオンバランスを積極的に行っているなど恣意的な会計操作が行われている。

④ 　現在価値で無形資産を評価しようとすると，対象無形資産に関連するキャッシュ・フローの切り出しが必要であるが，かかる切り出しには恣意性や困難性が伴うので，保守主義の観点からみても資産計上は望ましくない。

⑤ 　無形資産とその他の資産との間のダブルカウント問題や，研究開発費や広告宣伝費と，無形資産償却との間のダブルカウント問題がある。

⑥ 　自己創設無形資産を計上すると，その後の期間の償却費が増えるわけであるから，発行体は無形資産の資産計上にはきわめて消極的である。

⑦ 　アナリストなどの情報利用者は，自己創設無形資産に関する情報や，それを基にして算出された利益情報などは無視している。

⑧ 　そもそも貸借対照表は，資産の時価評価一覧表などではない。

⑨ 　（支持者は，自己創設無形資産が計上されていないがために）研究開発型企業が株式市場で低く評価されているとか，不当な資本コスト負担を余儀なくされているというが，そのようなことはない。

⑩ 　自己創設無形資産を資産計上し，それを償却すると，超過利益が損益計算書にあらわれないなど優位性が見えなくなる。

（出所）　拙稿「取得法が提起する無形資産会計の論点」『會計』第194巻第5号（2018年11月），70-71頁。

　さまざまな観点からの見解であり，どれも説得力があるが，とりわけ⑧は，素朴ながら極めて本質をついた見解であると思われる。なるほど，本来，貸借対照表とは，債権者から集めた資金の額を負債の部に計上し，出資者から集め

た資金の額を資本の部に計上し，その合計額をどう運用しているのかを資産の部に表示するものである。そして，総額が増えるのは実現利益を計上した時だけである。このような貸借対照表に，ある日突然自己創設無形資産が公正価値ベースで現れるというのは確かにおかしな話である。

とはいえ，第5章でみたように，自己創設知的財産の存在が金額的に無視し得ないほど重要であるのも事実である。であれば，買入知的財産と自己創設知的財産の会計処理の相違を解消するにはどうしたらよいのであろうか。

考えられる方法としては，自己創設知的財産を資産計上するための理論的基盤を整備するとともに，引き続き測定可能性を高めていく方法か，またはディスクロージャーを拡充させて差異を埋め合わせていく方法がありうる。前者については，現在の貸借対照表とは別に，知的財産も含めた公正価値ベースの包括貸借対照表を導入する考え方が1つの参考になるだろうし，後者については，すでにEFR（Enhanced Financial Reporting）や統合報告などのスキームが提唱されているので，これらを通じて無形資産情報を拡充させていくことになるであろう。

いずれにせよ，さまざまな課題を克服しながら，買入知的財産と自己創設知的財産の会計処理の隔たりを埋めていくことが喫緊の課題といえるのではないだろうか。

2　負ののれんをめぐる会計問題

第12章でみたように，受入純資産が支払対価を上回る部分は，古くから「負ののれん」などとよばれ，その会計処理方法をめぐってさまざまな議論が行われてきた（詳細は，拙稿「負ののれん発生益をめぐる評価問題」『會計』第196巻第4号（2019年10月）を参照）。現在の会計基準は，取得法を規定するアメリカでも，パーチェス法を規定する日本でも，「バーゲン・パーチェスによる利得」，「負ののれん発生益」または「格安購入益」などの科目で，いずれにせよ収益として会計処理されるのであった。

この会計処理方法に関連して，注目すべき事例がある。その事例では，5年間に27件の企業結合が行われ，**図表13-2**にあるように，そのうちの10件で負

ののれん発生益が計上されている。そのこと自体には，もちろん何ら問題はないのだが，その金額の大きさには驚かされる。2017年度に行われた5件において計上された負ののれん発生益は，当期純利益の実に95％に及んでいるからである。

図表13-2　ある事例で計上された負ののれん発生益

(単位：千円)

	2013年度 （1件）	2016年度 （4件）	2017年度 （5件）
(a)　負ののれん発生益（合計）	839,401	5,831,591	8,791,303
(b)　売上高	23,910,298	95,299,855	136,201,528
(c)　当期純利益（親会社持分）	2,698,305	7,678,198	9,250,311
(d)　負ののれん発生益が売上に占める割合	3.5%	6.1%	6.5%
(e)　負ののれん発生益が当期純利益に占める割合	31%	76%	95%

(出所)　当該会社の有価証券報告書より作成。

　負ののれん発生益が当期純利益の95％を占めるということは，かりに企業結合を行わなければ，あるいは行ったとしても負ののれんが発生しなかったならば，この会社はほとんど利益を計上できなかったということである。また，これだけ多額の負ののれんを計上できたということは，被取得企業を相当に格安な価額で取得できたことを意味する。そこで，この事例における被取得企業の結合前における状況を調べてみた。その結果が，次の**図表13-3**である。

　これをみてわかるように，被取得企業10社のすべてが，直近5期のいずれかの年度に損失を計上していたのである。すなわち，経営不振の状態にあったのである。ここに格安での取得ができた理由がありそうである。

　この事例にはさらに注目すべき点がある。それは被取得企業10社が属する業種である。取得企業は，健康食品事業からスタートして，その後は体重コントロール指導などの健康関連事業を展開していくことになるのだが，**図表13-4**をみると，そんな同社に取得された10社の業種には，同社とは随分かけ離れた

図表13-3	結合前における被取得企業の状況

(単位：千円)

O社	当期純損失：¥103,822（2011年度），¥484,839（2013年度）
P社	当期純損失：¥84,790（2015年度）
Q社	当期純損失：¥67,000（2014年度），¥148,000（2015年度），¥40,000（2017年度）
R社	当期純損失：¥519,320（2016年度）
S社	当期純損失：¥756,979，¥46,252，¥546,841，¥1,204,522，¥789,511（2013年度〜2017年度）
T社	当期純損失：¥109,421（2017年度）
U社	経常損失：¥166,435（2014年度）
V社	当期純損失：¥86,000，¥338,000，¥548,000（2014年度〜2016年度）
W社	当期純損失：¥113,660，¥765,761，¥1,124,820，¥448,015（2014年度〜2017年度）
X社	当期純損失：¥557,000（2017年度）

（出所）　各社有価証券報告書より作成。

図表13-4	被取得企業の業種

O社	P社	Q社	R社	S社
ゲーム，カフェ，映画	出版	婦人服	婦人下着	カジュアルウェア

T社	U社	V社	W社	X社
宝飾	衣服，繊維	スポーツ用品	エンターテインメント	フリーペーパー

（出所）　同社有価証券報告書より作成。

ものがある。出版（P社），宝飾（T社），フリーペーパー（X社）などである。

　もちろん，異業種の企業を取得することが特段問題というわけではないし，同社も何らかのシナジー創出を狙って取得を行った旨を有価証券報告書に記載してはいる。しかし，少なくとも結合後の期間の経営成績をみる限り，かかる

図表13-5	結合後の当事各社の損益の状況

（単位：千円）

O 社	経常損失：¥73,836（2017年度），¥116,429（2018年第3四半期）
R 社	当期純損失：¥482,752（2018年第3四半期）
S 社	当期純損失：¥789,511（2017年度）
U 社	営業損失：¥6,318（2018年第3四半期）
W 社	当期純損失：¥3,507,000（2018年第3四半期）

（出所）　各社有価証券報告書より作成。

シナジー創出には至っていないようである。

　図表13-5は，被取得企業10社のうち結合後も上場を維持しており，したがって会計情報が入手可能な5社につき，その経営成績をまとめたものである。ご覧のとおり，すべての会社が何らかの形で損失を計上している。そして，ついにはA社自身も2019年3月期に通年赤字に転落している。

　どんな取引相手とどんな取引をするのかは，経営者の判断の問題であって，会計がタッチすべき問題ではない。経営不振の会社を「割安価格」で買収しても一向に構わない。筆者も，同社の経営判断に問題があるとか，ましてや会計処理に問題があるなどと主張するものではない。同社の会計処理は，現行会計基準に従った極めて適切なものである。

　しかし，同社の事例に顕著にあらわれているように，負ののれんが発生する企業結合を行えば「即時収益」ひいては「即時利益」の計上が可能であるのも事実である。であれば，買収先企業の選定や支払対価の交渉などにバイアスがかかる可能性もあるのではないだろうか。もし負ののれんに関する現行会計基準が経営者の意思決定に影響し，負ののれんが発生する企業結合を「誘発」している面があるならば，会計基準の再考も必要なのではないだろうか。

3 アメリカにおける知的財産およびのれんの 会計基準再考の動き

　アメリカの企業結合会計の展開の中で，常に議論の中心になっていたのは，のれんの会計処理と知的財産の認識・測定問題であったといってよい。しかし，2001年にのれんに減損方式が導入され，2007年には，取得法の導入によって知的財産は公正価値評価されることになった。これによって，少なくとも会計基準上の議論は一段落したものと思われた。

　しかし，2019年 7 月に知的財産とのれんに関するコメント要請（Invitation to Comment：ITC）が公表された。このITCが要請しているコメントは，(1)のれんの事後の会計処理を変更すべきかどうか，(2)企業結合における知的財産の認識方法を変えるべきか，(3)のれんおよび知的財産に関するディスクロージャー項目に追加または変更は必要か，および(4)比較可能性と適用範囲という 4 つの領域についてである。

　なぜ，このITCが公表されたのかについて詳しくは述べられていないが，大きな柱は，現行基準がコスト・ベネフィット基準に合わないことであるらしい。すなわち，のれんについては，減損会計を適用するのにあまりにもコストがかかりすぎており，また，その割には十分なベネフィットが得られているとはいえないとする声が多く聞かれ，また，知的財産については，細かく種類に分けて，その一つひとつにつき公正価値評価することに，ベネフィット以上のコストがかかるとする声が多く聞かれたからというのである。

　ITCの公表は，必ずしも会計基準の改訂を意味するものではないが，現行会計基準に再考の余地があることを意味するものではある。引き続き会計基準設定機関の動きを注視していく必要があるといえよう。

［参考文献］

Acacia Technology Group, *Acacia Research,* in its website, 2007.

American Institute of Certified Public Accountants（AICPA）, *APB Opinion No.16：Business Combinations,* AICPA, 1970.

American Institute of Certified Public Accountants（AICPA）, *APB Opinion No.17：Intangible Assets,* AICPA, 1970.

Committee on Accounting Procedure, *Accounting Research Bulletins No.40 "Business Combinations,"* American Institute of Accountants, 1950.

Committee on Accounting Procedure（CAP）, *Accounting Research Bulletins No.43, Chapter7 Section C "Business Combinations,"* American Institute of Accountants, 1953.

Committee on Accounting Procedure（CAP）, *Accounting Research Bulletins No.48 "Business Combinations,"* American Institute of Accountants, 1957.

Financial Accounting Standards Board（FASB）, *Exposure Draft：Proposed Statement of Financial Accounting Standards：Business Combinations and Intangible Assets,* FASB, 1999.

Financial Accounting Standards Board（FASB）, *Statements of Financial Accounting Concepts No.7, Using Cash Flow Information and Present Value in Accounting Measurements,* FASB, 2000.（平松一夫・広瀬義州訳『FASB財務会計の諸概念（増補版）』中央経済社, 2002年）

Financial Accounting Standards Board（FASB）, *Exposure Draft (Revised)：Proposed Statement of Financial Accounting Standards：Business Combinations and Intangible Assets—Accounting for Goodwill,* FASB, 2001.

Financial Accounting Standards Board（FASB）, *Statements of Financial Accounting Standards No.141：Business Combinations,* FASB, 2001.

Financial Accounting Standards Board（FASB）, *Statements of Financial Accounting Standards No.141 (Revised 2007)：Business Combinations,* FASB, 2007.

Financial Accounting Standards Board（FASB）, *Accounting Standards Codification (ASC),* FASB, 2015.

Intellectual Property Office, *UK Intangible Assets and Growth,* IPO（UK）, 2016.

International Accounting Standard Committee（IASC）, *International Accounting Standard 38 Intangible Assets,* IASC, 2004.

International Accounting Standards Board（IASB）, *IFRS 3 (Revised)：Business*

Combinations, IASB, 2007.

Lev=Feng, *The End of Accounting and the Path Forward for Investors and Managers,* Wiley Finance, 2016.（伊藤邦雄監訳『会計の再生—21世紀の投資家・経営者のための対話革命』中央経済社，2018年）

Securities and Exchange Commission (SEC), *Accounting Series Release No.50 "The Propriety of Writing Down Goodwill by Means of Charges to Capital Surplus,"* U.S. Government Office, 1945.

Smith, G.V. and R.L. Parr, *Intellectual Property : Valuation, Exploitation, and Infringement Damages,* Wiley & Sons, 2005.

U.S. PTO (Patent and Trademark Office), *Patent Statistics Chart 2018,* USPTO, 2018.

金田堅太郎「取得法が提起する無形資産会計の論点」『會計』第194巻第5号（2018年11月）。

金田堅太郎「負ののれん発生益をめぐる評価問題」『會計』第196巻第4号（2019年10月）。

企業会計基準委員会「企業会計基準第21号：企業結合に関する会計基準」企業会計基準委員会，2019年。

企業会計審議会「企業会計原則」企業会計審議会，1949年。

企業会計審議会「研究開発費等に係る会計基準」企業会計審議会，1998年。

企業会計審議会「固定資産の減損に係る会計基準」企業会計審議会，2002年。

経済産業省「ブランド価値評価研究会報告書」経済産業省，2002年。

厚生労働省「薬事工業生産動態統計（平成30年度版）」厚生労働省，2018年。

知的財産教育協会「知財活動および知財金融の実態調査—最終報告書」知的財産教育協会，2017年。

知的財産戦略会議（首相官邸）「知的財産戦略大綱」首相官邸，2002年。

知的財産戦略本部（首相官邸）「知的財産推進計画2005」首相官邸，2005年。

知的財産戦略本部（首相官邸）「知的財産推進計画2019」首相官邸，2019年。

独立行政法人工業所有権情報・研修館ホームページ「特許情報プラットフォーム（J-PlatPat）」。

特許庁「知的財産の会計ディスクロージャー制度に関する研究—医薬特許価値評価モデル」（平成17年度特許庁研究事業・大学における知的財産権研究プロジェクト研究成果報告書），特許庁，2006年。

特許庁「知財を活用した中小企業向け融資について」特許庁，2014年。

特許庁『特許行政年次報告書　2019年版』特許庁，2019年。

特許庁ホームページ「実用新案制度の現状と課題（PDF）」。

特許庁ホームページ「発明まるわかり」。

内閣府「平成23年度年次経済財政報告―日本経済の本質的な力を高める」内閣府,
　　2011年。

日本製薬工業協会『製薬協 DATABOOK2019』製薬協, 2019年。

発明協会『実施料率―技術契約のためのデータブック（第5版）』発明推進協会,
　　2003年。

広瀬義州『知的財産会計』税務経理協会, 2006年。

広瀬義州・吉見宏『日本初ブランド価値評価モデル』税務経理協会, 2003年。

索　引

さ

《著者紹介》

金 田　堅太郎（かねた　けんたろう）

1974年，山形県酒田市生まれ。札幌南高校，國學院大學経済学部，早稲田大学
大学院商学研究科修士課程を経て，2002年より久留米大学商学部に奉職。
現在，久留米大学商学部教授。専門は，財務会計論。

知財会計論入門

2020年3月25日　第1版第1刷発行

著　者	金　　田	堅太郎
発行者	山　　本	継
発行所	㈱中央経済社	
発売元	㈱中央経済グループ パブリッシング	

〒101-0051　東京都千代田区神田神保町1-31-2
電　話　03（3293）3371（編集代表）
　　　　　03（3293）3381（営業代表）
http://www.chuokeizai.co.jp/
印刷／東光整版印刷㈱
製本／㈲井上製本所

©2020
Printed in Japan

*頁の「欠落」や「順序違い」などがありましたらお取り替えいたしま
　すので発売元までご送付ください。（送料小社負担）

ISBN978-4-502-33471-9　C3034